매일 1장 일본어 쓰기 습관 100일의 기적

마스터

매일 1장 일본어 쓰기 습관
100일의 기적 [마스터]

초판 1쇄 발행 2025년 6월 10일

지은이 핫크리스탈(허수정)
펴낸곳 (주)에스제이더블유인터내셔널
펴낸이 양홍걸 이시원

홈페이지 www.siwonschool.com
주소 서울시 영등포구 영신로 166 시원스쿨
교재 구입 문의 02)2014-8151
고객센터 02)6409-0878

ISBN 979-11-6150-992-1
Number 1-120101-30301800-09

이 책은 저작권법에 따라 보호받는 저작물이므로 무단복제와 무단전재를 금합니다. 이 책 내용의 전부 또는 일부를 이용하려면 반드시 저작권자와 ㈜에스제이더블유인터내셔널의 서면 동의를 받아야 합니다.

수많은
일본어 학습서 중
이 책을 선택한 당신께 장담합니다.

**지금 넘기는 이 첫 페이지가
당신의 가장 훌륭한 선택 중
하나가 될 것입니다.**

매일 1장
100일

일본어 쓰기 습관의
놀라운 기적

練習が
完璧を
もたらす。

연습이
완벽을
만든다.

は会社員です。私は学生です。私は韓国人です。こちらは禁
席ですか。こちらは何のお店ですか。トイレはどこですか。
っぱり夏はアイスコーヒーだ。やっぱり冬はスキーだ。夏休
はいつも海だ。今日もサラダ？明日も雨？あれは何？あそこ
新宿駅です。ここが家です。彼が彼氏ですか。私はあなたの
ァンです。夏は祭りの季節です。これはあなたのかばんです

운전을 책만 읽고 할 수 있을까요?
악셀, 브레이크, 핸들을 어떻게 조작하는지
책만 읽고 마스터하면 갑자기 운전의 고수가 될까요? 아닙니다.
'내가 직접 운전을 해 봐야' 실력이 늡니다.

외국어도 마찬가지입니다.
문법, 원어민이 자주 쓰는 단어와 표현들을
책만 읽고 머릿속에 다 넣으면 갑자기 외국어를 잘하게 될까요? 아닙니다.
'그렇게 배운 외국어를 직접 써 봐야' 실력이 늡니다.

유학 없이 외국어를 배우고 써 볼 수 있는
가장 가성비 좋은 학습법이 바로 '쓰기'입니다.
핵심 문장 100개와 나만의 문장 200개를 직접 쓰고 말하는
매일 1장 100일의 일본어 쓰기 습관은
여러분의 일본어가 실패 없이 날개를 달고
반드시 성공하게 만들어 줄 것입니다.

책의 구성 & 활용법

1 필기하기 편하도록 PUR 제본 방식으로 제작된 교재

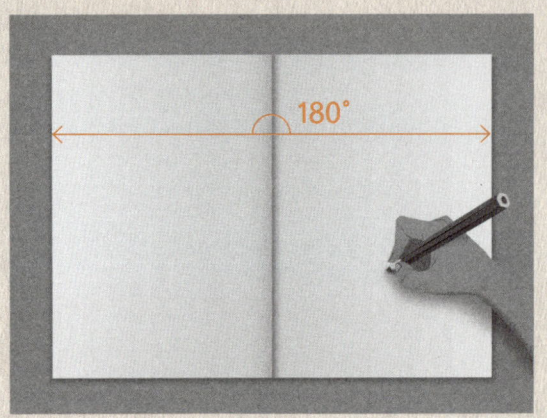

본 교재는 필기를 편안하게 할 수 있도록 교재를 평평하게 펼쳐서 꾹꾹 눌러도 책이 파손되지 않고 필기를 안정적으로 할 수 있는 PUR 제본 방식으로 제작되었습니다. 또한 필기를 항상 '우측'에서 하기 때문에 대부분의 학습자에게 필기가 더욱 편안합니다.

2 학습 시작 전 기초 일본어 지식 탑재하기

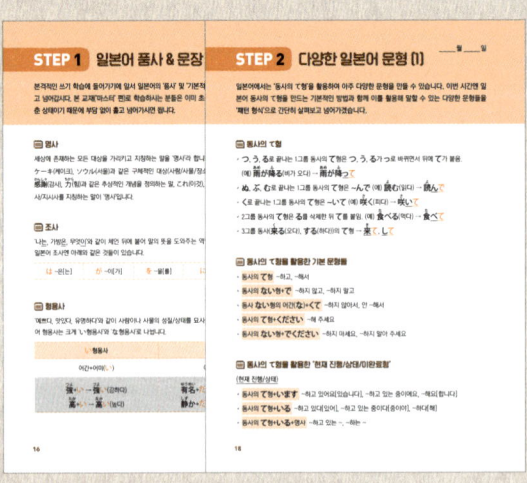

본격적인 학습을 시작하기 전 '[Preparation] 기본기 다지기' 섹션에서 상급 일본어 학습에 필요한 초중급 일본어 지식을 체크하고 넘어갑니다. 이러한 기초 지식을 미리 탑재해 두어야 매일의 학습을 훨씬 원활하게 진행할 수 있습니다.

3 매일 1개씩 100일간
100개의 핵심 일본어 문장 & 문법 학습

준비 학습을 끝낸 후 '[Chapter 01~10] 매일 1장 100일 일본어 쓰기 학습'을 본격적으로 시작합니다. 매일의 쓰기 학습은 아래와 같이 '(1) 그날의 핵심 문장 파악 → (2) 문장 내 문법+문장 구조 + 어휘' 학습부터 시작합니다.

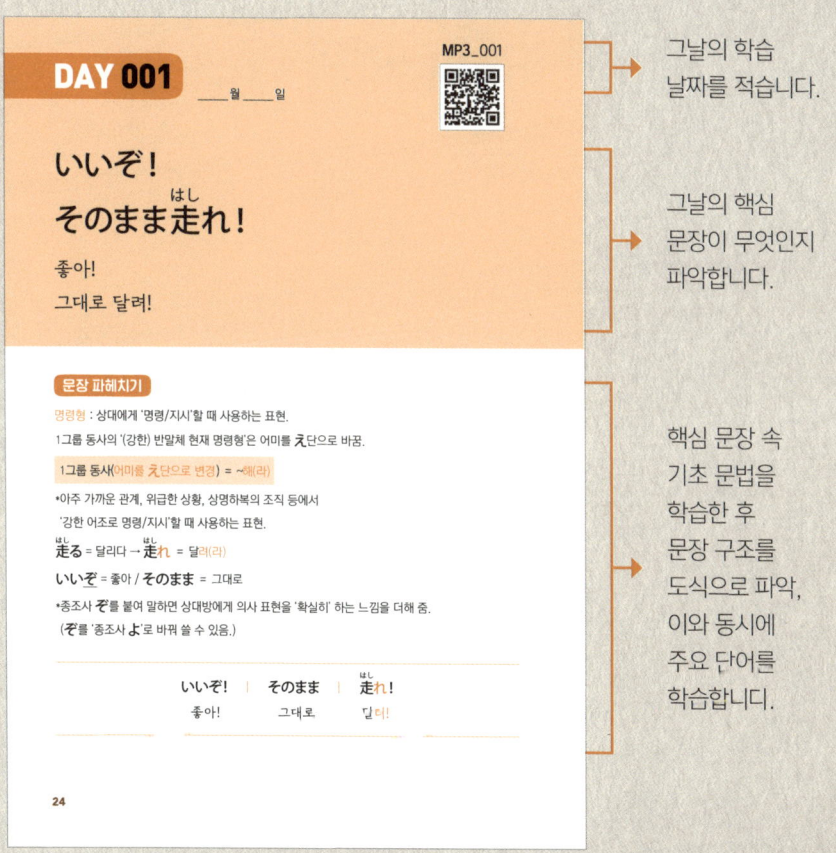

그날의 학습 날짜를 적습니다.

그날의 핵심 문장이 무엇인지 파악합니다.

핵심 문장 속 기초 문법을 학습한 후 문장 구조를 도식으로 파악, 이와 동시에 주요 단어를 학습합니다.

책의 구성 & 활용법

4 매일 1장씩 100일간 300개 이상의 일본어 문장 쓰기 훈련

그날의 핵심 문장 속에 녹아 있는 '핵심 문법, 문장 구조, 어휘'를 학습한 뒤엔 핵심 문장과 응용 문장을 직접 써 보고 마지막엔 모든 문장을 듣고 말하는 연습까지 해 봅니다. 매일의 일본어 쓰기는 아래와 같은 흐름으로 진행하시면 됩니다.

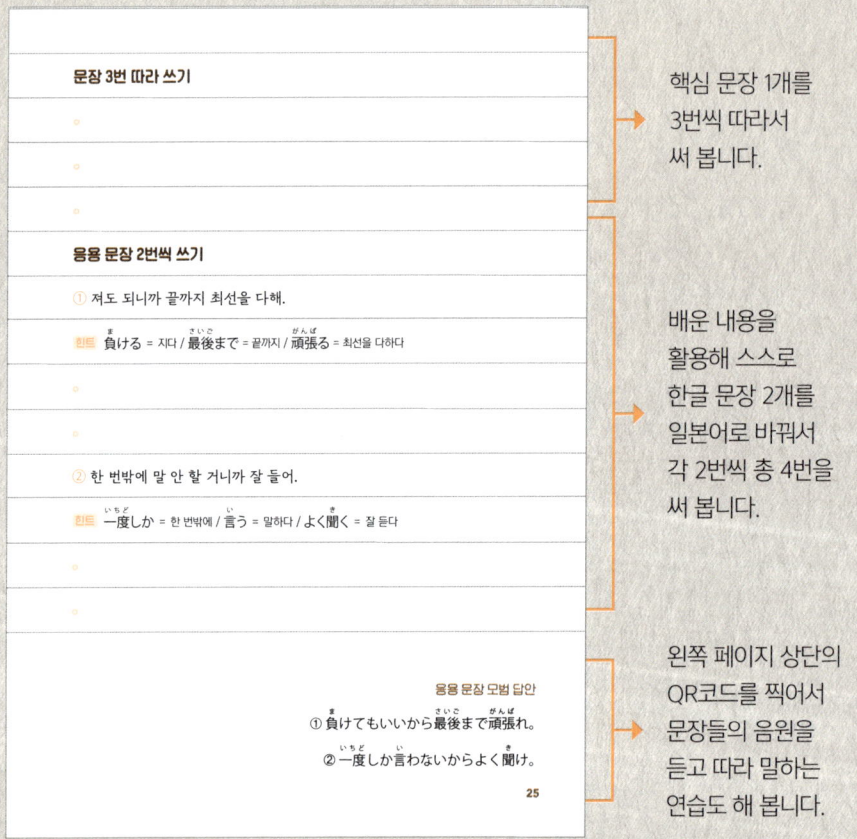

핵심 문장 1개를 3번씩 따라서 써 봅니다.

배운 내용을 활용해 스스로 한글 문장 2개를 일본어로 바꿔서 각 2번씩 총 4번을 써 봅니다.

왼쪽 페이지 상단의 QR코드를 찍어서 문장들의 음원을 듣고 따라 말하는 연습도 해 봅니다.

5 일일 학습 체크 일지 & 핵심 문법 총정리

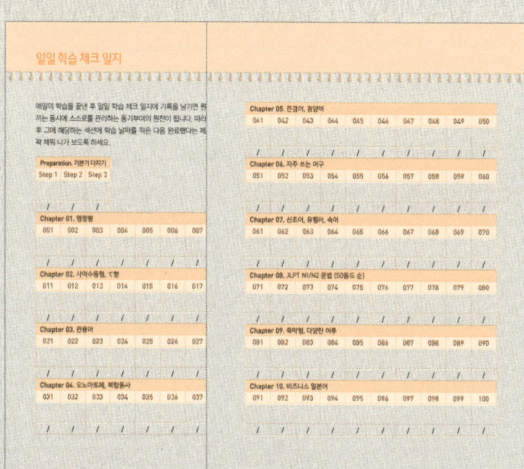

독학은 '공부 습관 관리'를 스스로 하는 것이 매우 중요합니다. 따라서 매일의 학습을 끝낸 후엔 교재 앞쪽 '일일 학습 체크 일지'에 학습 날짜를 기재한 뒤 학습을 완료했다는 체크 표시(O)를 꼭 하시기 바랍니다. 그리고 책 한 권의 학습을 끝낸 후엔 '핵심 문법 총정리' 섹션을 보며 지금까지 배운 내용을 복습합니다.

6 체계적인 3단계 수준별 매일 1장 일본어 쓰기 학습 시리즈

'매일 1장 일본어 쓰기 습관 100일의 기적'은 '첫걸음-레벨업-마스터'의 3단계 레벨을 따라가며 공부할 수 있는 시리즈 도서입니다. 본 교재는 '마스터'에 해당합니다.

첫걸음	'기초' 일본어 문법 마스터 & 초급 문장 100+200개 쓰기 (일본어의 기본 어순 및 명사, 조사, 형용사, 동사의 기초 활용법 학습)
레벨업	'중급' 일본어 문법 마스터 & 중급 문장 100+200개 쓰기 (수동, 가능, 가정, 사역 표현 및 접속사, 감탄사, 종조사 등을 학습)
마스터	'고급' 일본어 문법 마스터 & 고급 문장 100+200개 쓰기 (명령형, 사역수동형, 관용어, 경어 및 신조어 등을 학습)

목차

Preparation 기본기 다지기
학습 시작 전 기본적인 일본어 지식 탑재하기
Step 1~3. 초중급 일본어 다지기 ·· 016 ~ 021

Chapter 01 명령형
상대에게 명령하는 다양한 '명령형'을 배우고 말하기
Day 001~010 매일 학습 & 쓰기 ·· 024 ~ 043

Chapter 02 사역수동형, て형
어떤 것으로 인해 '~하게 되다(당하다)'라는 '사역수동형' 및 て형 배우고 말하기
Day 011~020 매일 학습 & 쓰기 ·· 046 ~ 065

Chapter 03 관용어
두 개 이상의 단어가 결합되어 만들어진 다양한 '관용어' 배우고 말하기
Day 021~030 매일 학습 & 쓰기 ·· 068 ~ 087

Chapter 04 오노마토페, 복합동사
'오노마토페(의성어, 의태어)'와 두 개 이상의 동사가 결합된 '복합동사' 배우고 말하기
Day 031~040 매일 학습 & 쓰기 ·· 090 ~ 109

Chapter 05 존경어, 겸양어
동작이나 상태를 높이거나 낮춰 말하는 '존경어'와 '겸양어' 배우고 말하기
Day 041~050 매일 학습 & 쓰기 ·· 112 ~ 131

Chapter 06 자주 쓰는 어구
일상 회화에서 빈번히 쓰이는 다양한 회화 어구들을 배우고 말하기
Day 051~060 매일 학습 & 쓰기 ·· 134 ~ 153

Chapter 07 신조어, 유행어, 속어
현재 일본에서 쓰이고 있는 다양한 '신조어, 유행어, 속어' 배우고 말하기
Day 061~070 매일 학습 & 쓰기 ·· 156 ~ 175

Chapter 08 JLPT N1/N2 문법 (50음도 순)
50음도 순에 따라 JLPT N1/N2 수준의 문법 익히기
Day 071~080 매일 학습 & 쓰기 ·· 178 ~ 197

Chapter 09 축약형, 다양한 어투
일상 회화에서 잘 쓰이는 '축약형' 및 '다양한 어투' 배우고 말하기
Day 081~090 매일 학습 & 쓰기 ·· 200 ~ 219

Chapter 10 비즈니스 일본어
비즈니스 회화에서 잘 쓰이는 다양한 표현 및 어구 배우고 말하기
Day 091~100 매일 학습 & 쓰기 ·· 222 ~ 241

부록 핵심 문법 총정리
Chapter 01~10. 핵심 문법 한눈에 훑어보기 ·························· 244 ~ 253

일일 학습 체크 일지

매일의 학습을 끝낸 후 일일 학습 체크 일지에 기록을 남기면 뭔가를 성취했다는 뿌듯함을 느끼는 동시에 스스로를 관리하는 동기부여의 원천이 됩니다. 따라서 매일 1장 쓰기 학습을 끝낸 후 그에 해당하는 섹션에 학습 날짜를 적은 다음 완료했다는 체크 표시(O)를 하며 일지를 꽉꽉 채워 나가 보도록 하세요.

Preparation. 기본기 다지기

Step 1	Step 2	Step 3
/	/	/

練習が完璧をもたらす。

Chapter 01. 명령형

001	002	003	004	005	006	007	008	009	010
/	/	/	/	/	/	/	/	/	/

Chapter 02. 사역수동형, て형

011	012	013	014	015	016	017	018	019	020
/	/	/	/	/	/	/	/	/	/

Chapter 03. 관용어

021	022	023	024	025	026	027	028	029	030
/	/	/	/	/	/	/	/	/	/

Chapter 04. 오노마토페, 복합동사

031	032	033	034	035	036	037	038	039	040
/	/	/	/	/	/	/	/	/	/

Chapter 05. 존경어, 겸양어

041	042	043	044	045	046	047	048	049	050
/	/	/	/	/	/	/	/	/	/

Chapter 06. 자주 쓰는 어구

051	052	053	054	055	056	057	058	059	060
/	/	/	/	/	/	/	/	/	/

Chapter 07. 신조어, 유행어, 속어

061	062	063	064	065	066	067	068	069	070
/	/	/	/	/	/	/	/	/	/

Chapter 08. JLPT N1/N2 문법 (50음도 순)

071	072	073	074	075	076	077	078	079	080
/	/	/	/	/	/	/	/	/	/

Chapter 09. 축약형, 다양한 어투

081	082	083	084	085	086	087	088	089	090
/	/	/	/	/	/	/	/	/	/

Chapter 10. 비즈니스 일본어

091	092	093	094	095	096	097	098	099	100
/	/	/	/	/	/	/	/	/	/

매일 1장

일본어 쓰기 습관
100일의 기적

私は日本語の勉強をする

PREPARATION
기본기 다지기

Step ❶ 일본어 품사 & 문장
Step ❷ 다양한 일본어 문형 (1)
Step ❸ 다양한 일본어 문형 (2)

準備ができました

STEP 1 일본어 품사 & 문장

_____월 _____일

본격적인 쓰기 학습에 들어가기에 앞서 일본어의 '품사' 및 '기본적인 문장 형태'를 다시 한 번 짚고 넘어갑시다. 본 교재('마스터' 편)로 학습하시는 분들은 이미 초중급 이상의 일본어 실력을 갖춘 상태이기 때문에 부담 없이 훑고 넘어가시면 됩니다.

📋 명사

세상에 존재하는 모든 대상을 가리키고 지칭하는 말을 '명사'라 합니다. 예를 들어 私(나), 木(나무), ケーキ(케이크), ソウル(서울)과 같은 구체적인 대상(사람/사물/장소 등)을 지칭하는 말, 愛(사랑), 感謝(감사), 力(힘)과 같은 추상적인 개념을 정의하는 말, これ(이것), 誰(누구), 何(무엇)과 같은 의문사/지시사를 지칭하는 말이 '명사'입니다.

📋 조사

'나는, 가방은, 무엇이'와 같이 체언 뒤에 붙어 말의 뜻을 도와주는 역할을 하는 요소를 '조사'라 하며, 일본어 조사엔 아래와 같은 것들이 있습니다.

は ~은[는]	が ~이[가]	を ~을[를]	に ~에	で ~에서[로]

📋 형용사

'예쁘다, 맛있다, 유명하다'와 같이 사람이나 사물의 성질/상태를 묘사하는 말을 '형용사'라 하며, 일본어 형용사는 크게 'い형용사'와 'な형용사'로 나뉩니다.

い형용사	な형용사
어간+어미(い)	어간+어미(だ)
強+い → 強い (강하다) 高+い → 高い (높다)	有名+だ → 有名だ (유명하다) 静か+だ → 静かだ (조용하다)

📋 동사

'만나다, 입다, 오다, 하다, 자르다'와 같이 사람이나 사물의 동작/행위를 나타내는 말을 '동사'라 하며, 일본어 동사는 '1그룹 동사, 2그룹 동사, 3그룹 동사, 예외 1그룹 동사'로 나뉩니다.

1그룹	2그룹/3그룹 동사를 제외한 모든 동사 → 会う(만나다)
2그룹	る로 끝나면서 る의 앞 음절이 い·え단인 동사 → 着る(입다)
3그룹	3그룹 동사는 딱 2개 → 来る(くる)(오다), する(하다)
예외 1그룹	형태는 2그룹인데 활용 방식은 1그룹을 따르는 동사 → 切る(자르다)

📋 부사

'조금 먹는다, 매우 덥다, 전혀 모른다'와 같이 사람이나 사물의 상태/행위의 정도를 묘사할 때 쓰는 말을 '부사'라 하며, 보통 동사와 형용사를 수식합니다.

ちょっと(조금)	とても(매우)	全然(전혀)	あまり(별로)

📋 일본어 문장의 어순 & 문체

일본어 문장의 어순과 문체는 아래와 같이 한국어와 매우 유사한 편입니다.

주어	기타 요소			목적어	술어
私は 저는	朝 아침에	友達と 친구와	一緒に 함께	コーヒーを 커피를	飲みました。 마셨습니다.

높임체	'~입니다[이에요]'와 같은 정중한 문체
반말체	'~이다[야]'와 같은 편안한 문체
긍정형	'~이다[야], ~입니다[이에요]'와 같은 긍정형 문장
부정형	'~이지 않다[않아], ~이지 않습니다[않이요]'와 같은 부정형 문장
의문형	'~야/입니까/인가요?'와 같은 질문형 문장

STEP 2 다양한 일본어 문형 (1)

_____월 _____일

일본어에서는 '동사의 て형'을 활용하여 아주 다양한 문형을 만들 수 있습니다. 이번 시간엔 일본어 동사의 て형을 만드는 기본적인 방법과 함께 이를 활용해 말할 수 있는 다양한 문형들을 '패턴 형식'으로 간단히 살펴보고 넘어가겠습니다.

📔 동사의 て형

- つ, う, る로 끝나는 1그룹 동사의 て형은 つ, う, る가 っ로 바뀌면서 뒤에 て가 붙음.
  (예) 雨が降る(비가 오다) → 雨が降って
- ぬ, ぶ, む로 끝나는 1그룹 동사의 て형은 ~んで (예) 読む(읽다) → 読んで
- く로 끝나는 1그룹 동사의 て형은 ~いて (예) 咲く(피다) → 咲いて
- 2그룹 동사의 て형은 る를 삭제한 뒤 て를 붙임. (예) 食べる(먹다) → 食べて
- 3그룹 동사(来る(오다), する(하다))의 て형 → 来て, して

📔 동사의 て형을 활용한 기본 문형들

- 동사의 **て**형 ~하고, ~해서
- 동사의 **ない**형+**で** ~하지 않고, ~하지 말고
- 동사 **ない**형의 어간(**な**)+**くて** ~하지 않아서, 안 ~해서
- 동사의 **て**형+**ください** ~해 주세요
- 동사의 **ない**형+**でください** ~하지 마세요, ~하지 말아 주세요

📔 동사의 て형을 활용한 '현재 진행/상태/미완료형'

(현재 진행/상태)

- 동사의 **て**형+**います** ~하고 있어요[있습니다], ~하고 있는 중이에요, ~해요[합니다]
- 동사의 **て**형+**いる** ~하고 있다[있어], ~하고 있는 중이다[중이야], ~하다[해]
- 동사의 **て**형+**いる**+명사 ~하고 있는 ~, ~하는 ~

(현재 미완료)
- 동사의 **て형+いません/いないです** ~하지 않았어요[않았습니다]
- 동사의 **て형+いない** ~하지 않았다[않았어]
- 동사의 **て형+いない**+명사 ~하지 않은 ~

📔 동사의 **て형**을 활용한 '과거 진행/완료형'

(과거 진행/완료)
- 동사의 **て형+いました** ~하고 있었어요, ~하고는 했어요, ~해있었어요[있었습니다]
- 동사의 **て형+いた** ~하고 있었어[있었다], ~하고는 했어[했다], ~해있었어[있었다]
- 동사의 **て형+いた**+명사 ~하(고 있)던 ~

(과거 부정 진행/완료)
- 동사의 **て형+いませんでした** ~하(고 있)지 않았어요
- 동사의 **て형+いなかったです** ~하(고 있)지 않았어요
- 동사의 **て형+いなかった** ~하(고 있)지 않았었어[않았었다]
- 동사의 **て형+いなかった**+명사 ~하(고 있)지 않(았)던 ~

📔 동사의 **て형**을 활용한 기타 문형들

- 동사의 **て형+もいいですか** ~해도 됩니까[될까요]?
- 동사의 **て형+いいです** ~해도 됩니다[돼요]
- 동사의 **て형+はいけません** ~해서는 안 됩니다, ~하면 안 돼요
- 동사의 **て형+ほしい** ~해 줬으면 좋겠다[좋겠어], ~해 주길 바란다[바라]
- **~に~を**+동사의 **て형+あげる** ~에게 ~을[를] ~해 주다
- **~は/が**(**私に**)+동사의 **て형+くれる** ~은[는]/이[가] (내게) ~해 주다
- **~に/から**+동사의 **て형+もらう** ~에게/로부터 ~해 받다 (= ~이[가] ~해 주다)
- 동사의 **て형+もらいたい** ~해 받고 싶다 (= ~해 줬으면 한다)

STEP 3 다양한 일본어 문형 (2)

___월 ___일

앞서 살펴본 '동사의 て형'을 활용한 문형들 말고도 '청유(~하자), 의지(~해야지), 계획(~할 생각이다), 가능형(~할 수 있다/없다), 가정법(~라면), 수동형/사역형(~함을 당하다/해지다)' 등에 관한 문형들 역시 '패턴 형식'으로 가볍게 살펴봅시다.

📋 청유/의지/계획을 말하는 문형들

- **~ます → ~ましょう** ~합시다, ~하시죠
- 1그룹 동사(어미를 **お**단으로 변경)+**う** ~하자, ~해야지
- 2그룹 동사(어미(**る**) 탈락)+**よう** ~하자, ~해야지
- 3그룹 동사 **する/ 来る　しよう**(하자, 해야지) / **来よう**(오자, 와야지)
- 형용사/동사의 보통형+**と思う** ~일/할 것 같다[거라고 생각하다]
- 동사의 의지형+**と思う** ~하려고 생각하다, ~하고자[하려고] 한다
- 명사+**の**/동사의 기본형 +**つもりだ** ~할 생각이다[작정이다]
- 명사+**の**/동사의 기본형 +**予定だ** ~할 예정이다
- 명사+**の**/동사의 기본형+**つもりだった/予定だった** ~할 생각[예정]이었다

📋 가능형

- 동사의 기본형+**ことができる** ~하는 것이 가능하다, ~할 수 있다
- 동사의 기본형+**ことができない** ~하는 것이 가능하지 않다, ~할 수 없다
- 1그룹 동사(어미를 **え**단으로 변경)+**る** ~할 수 있다
- 2그룹 동사(어미(**る**) 탈락)+**られる** ~할 수 있다
- 3그룹 동사 **する/ 来る　できる**(할 수 있다) / **来られる**(올 수 있다)
- 동사의 가능형+**ようになる** ~할 수 있게 되다
- 동사의 **ます**형(가능형)+**そうだ** ~할 (수 있을) 것 같다
- 동사의 **ます**형(가능형)+**そうにない/そうもない** ~할 (수 있을) 것 같지 않다

📑 가정법

- 명사/**い**형용사/**な**형용사/동사의 **た**형+**ら**   ~이면/하면
- 동사의 **た**형+**ら**   ~했더니, ~하니까
- 동사의 **た**형+**らどうですか**   ~하는 게 어때요?
- 동사의 어미를 **え**단으로 변경+**ば**   ~하면
- 동사의 어미를 **え**단으로 변경+**ば** + 동사의 기본형 + **ほど**   ~하면 ~할수록
- 가정법(**~ば**)+**よかった**   ~할 걸 그랬다, ~했으면 좋았을 텐데
- 명사+**だ**/**い**형용사/**な**형용사/동사의 기본형+**と**   ~이면/하면
- 명사+**だ**/**い**형용사/**な**형용사/동사의 기본형+**と**   ~했더니
- 명사/**い**형용사/**な**형용사의 보통형+**なら**   ~이라면/였다면/아니(었다)면
- 명사/**い**형용사/**な**형용사의 보통형+**んだったら**   ~이라면/였다면/아니(었다)면

📑 수동형/사역형

- 1그룹 동사(어미를 **あ**단으로 변경)+**れる**   ~함을 당하다, ~해지다
- 2그룹 동사(어미(**る**) 탈락)+**られる**   ~함을 당하다, ~해지다
- 3그룹 동사 **する**/**来る**　**される**(함을 당하다)/**来られる**(옴을 당하다)
- 수동형+**て**   ~함을 당해서
- 1그룹 동사(어미를 **あ**단으로 변경)+**せる**   ~하게 하다/시키다
- 2그룹 동사(어미(**る**) 탈락)+**させる**   ~하게 하다/시키다
- 3그룹 동사(**する**/**来る**　**させる**(하게 하다) / **来させる**(오게 하다)
- 명사의 기본형/**な**(**い**)형용사의 어간+**にさせる**(**くさせる**)   ~이게 만들다/시키다
- 사역형+**てください**   ~하게 해 주세요
- 사역형+**てあげる**/**てくれる**/**てもらう**   (나→남/남→나/남→나에게) ~하게 해 주다

매일 1장
일본어 쓰기 습관
100일의 기적

私は日本語の勉強をする

CHAPTER 01
명령형

001 いいぞ！そのまま走れ！

002 いい加減起きろ！

003 成人するまで我慢しろ。

004 身の程を知りなさい。

005 お行儀悪いからちゃんと座りな。

006 元カノのことはもう忘れなよ。

007 もういい年なんだからしっかりしなよ。

008 子供扱いするな！

009 『応答せよ1997』

010 待ちやがれ。

準備ができました

DAY 001　　____월____일

MP3_001

いいぞ！
そのまま走(はし)れ！

좋아!
그대로 달려!

문장 파헤치기

명령형 : 상대에게 '명령/지시'할 때 사용하는 표현.
1그룹 동사의 '(강한) 반말체 현재 명령형'은 어미를 え단으로 바꿈.

1그룹 동사(어미를 え단으로 변경) = ~해(라)

*아주 가까운 관계, 위급한 상황, 상명하복의 조직 등에서
 '강한 어조로 명령/지시'할 때 사용하는 표현.

走(はし)る = 달리다 → 走(はし)れ = 달려(라)

いいぞ = 좋아 / そのまま = 그대로

*종조사 ぞ를 붙여 말하면 상대방에게 의사 표현을 '확실히' 하는 느낌을 더해 줌.
 (ぞ를 '종조사 よ'로 바꿔 쓸 수 있음.)

いいぞ！	そのまま	走(はし)れ！
좋아!	그대로	달려!

문장 3번 따라 쓰기

◦

◦

◦

응용 문장 2번씩 쓰기

① 져도 되니까 끝까지 최선을 다해.

힌트 負ける = 지다 / 最後まで = 끝까지 / 頑張る = 최선을 다하다

◦

◦

② 한 번밖에 말 안 할 거니까 잘 들어.

힌트 一度しか = 한 번밖에 / 言う = 말하다 / よく聞く = 잘 듣다

◦

◦

응용 문장 모범 답안
① 負けてもいいから最後まで頑張れ。
② 一度しか言わないからよく聞け。

DAY 002 ___월 ___일

MP3_002

いい加減(かげん)起(お)きろ!

이제 그만 일어나!

문장 파헤치기

2그룹 동사의 '(강한) 반말체 현재 명령형'은 어미(**る**)를 탈락시키고 **ろ**를 붙임.

2그룹 동사(어미(**る**) 탈락)+**ろ** = ~해(라)

*아주 가까운 관계, 위급한 상황, 상명하복의 조직 등에서
 '강한 어조로 명령/지시'할 때 사용하는 표현.

起(お)きる = 일어나다
→ 起(お)き~~る~~ → 起(お)きろ = 일어나(라)
いい加減(かげん) = 이제 그만, 적당히

いい加減(かげん) | 起(お)きろ!
이제 그만   　일어나!

문장 3번 따라 쓰기

o

o

o

응용 문장 2번씩 쓰기

① 자신을 믿는 것부터 시작해라.

힌트 自分を信じる = 자신을 믿다 / 始める = 시작하다

o

o

② 이것만큼은 돈을 들여라.

힌트 これだけは = 이것만큼은 / お金をかける = 돈을 들이다

o

o

응용 문장 모범 답안
① 自分を信じることから始めろ。
② これだけはお金をかけろ。

DAY 003 ____월 ____일

MP3_003

成人(せいじん)するまで
我慢(がまん)しろ。

성인이 될 때까지
참아.

문장 파헤치기

3그룹 동사의 '(강한) 반말체 현재 명령형'은 불규칙 변화 형태이므로 그냥 암기.

3그룹 동사(불규칙 변화) = ~해(라)

- **する**(하다) → **しろ** = 해(라)
- **来(く)る**(오다) → **来(こ)い** = 와(라)

*아주 가까운 관계, 위급한 상황, 상명하복의 조직 등에서 '강한 어조로 명령/지시'할 때 사용하는 표현.

我慢(がまん)する = 참다, 인내하다 → **我慢(がまん)しろ** = 참아(라), 인내해(라)
成人(せいじん)する = 성인[어른]이 되다 / **〜まで** = ~(때)까지

成人(せいじん)するまで | 我慢(がまん)しろ。
성인이 될 때까지   참아.

문장 3번 따라 쓰기

○

○

○

응용 문장 2번씩 쓰기

① 집에 틀어박혀 있지 말고 나와!

힌트 閉じこもる = 틀어박혀 나오지 않다 / 出て来る = (어딘가에서) 나오다

○

○

② 이웃에 민폐잖아. 조용히 해.

힌트 近所 = 이웃 / 迷惑 = 민폐 / ~だろ = ~잖아 / 静かにする = 조용히 하다

○

○

응용 문장 모범 답안
① 家に閉じこもって(い)ないで出て来い！
② 近所に迷惑だろ。静かにしろ。

DAY 004

____월 ____일

MP3_004

身の程を
知りなさい。

자신의 분수를
알려무나.

문장 파헤치기

동사의 ます형+なさい = ~하시오, ~하려무나

위 표현은 윗사람이 아랫사람에게 명령/지시/충고할 때 쓰는 표현이며 문어체로도 자주 사용됨.

知る = 알다
身の程 = 자신의 분수
身の程を知る = 자신의 분수를 알다
身の程を知りなさい = 자신의 분수를 아시오[알려무나]
*추가 표현 : 身の程知らず = 자신의 분수를 모르는 것[사람]

身の程を | 知りなさい。
자신의 분수를   알려무나.

문장 3번 따라 쓰기

○

○

○

응용 문장 2번씩 쓰기

① 빨리 자려무나. 내일 지각하겠어.

> 힌트 早^{はや}く = 빨리 / 寝^ねる = 자다 / 明日^{あした} = 내일 / 遅刻^{ちこく}する = 지각하다

○

○

② 응원받는 사람이 되려무나.

> 힌트 応援^{おうえん}される 人^{ひと} = 응원받는 사람 / なる = 되다

○

○

응용 문장 모범 답안

① 早^{はや}く寝^ねなさい。明日^{あした}遅刻^{ちこく}するわよ。

② 応援^{おうえん}される人^{ひと}になりなさい。

DAY 005

_____월 _____일

MP3_005

お行儀悪いから
ちゃんと座りな。

버릇없어 보이니까
제대로 앉으렴.

문장 파헤치기

1그룹 동사의 '(부드러운) 반말체 현재 명령형'은 어미를 **い**단으로 바꾸고 **な**를 붙임.

1그룹 동사(어미를 **い**단으로 변경)+**な** = ~하렴, ~하거라

*위 표현에서 **〜な**는 '**〜なさい**(하시오, 하려무나)'가 축약이 된 형태로
 윗사람이 아랫사람에게 사용하는 비교적 부드러운 명령/지시 표현.

座る = 앉다 → **座りな** = 앉으렴, 앉거라
行儀が悪い = 예의가 없다, 버릇이 없다, 태도가 나쁘다
(*앞에 **お**를 붙여 **お行儀が悪い**라고 하면 듣기 부드러운 미화 표현이 됨.)
〜から = ~이니까, ~이기 때문에 / **ちゃんと** = 제대로, 단정하게

お行儀悪いから | ちゃんと | 座りな。
버릇없어 보이니까 | 제대로 | 앉으렴.

문장 3번 따라 쓰기

○

○

○

응용 문장 2번씩 쓰기

① 연락 올 때까지 얌전히 기다리렴.

힌트 連絡が来る = 연락이 오다 / 大人しく = 얌전히 / 待つ = 기다리다

○

○

② 일단 진정하고 이거라도 마시렴.

힌트 一旦 = 일단, 잠시 / 落ち着く = 진정하다, 침착하다 / 飲む = 마시다

○

○

응용 문장 모범 답안
① 連絡来るまで大人しく待ちな。
② 一旦落ち着いて、これでも飲みな。

DAY 006 ____월____일

元(もと)カノのことは もう忘(わす)れなよ。

전 여친은
이제 잊으렴.

문장 파헤치기

2그룹 동사의 '(부드러운) 반말체 현재 명령형'은 어미(る)를 탈락시키고 な를 붙임.

2그룹 동사(어미(る)를 탈락)+な = ~하렴, ~하거라

*타이르듯이 이야기할 때는 な 뒤에 '종조사 よ'를 붙이기도 함.

忘(わす)れる = 잊다, 까먹다
→ 忘(わす)れる → 忘(わす)れな(よ) = 잊으렴, 잊거라

元(もと)カノ = 전 여친 (여기서 カノ는 彼女(かのじょ)(여자친구)'의 줄임말.)

〜のこと → 앞에 나오는 대상을 구체화시킬 때 쓰는 형식명사, 해석할 필요 없음.

もう = 이제

元(もと)カノのことは	もう	忘(わす)れなよ。
전 여친은	이제	잊으렴.

문장 3번 따라 쓰기

○

○

○

응용 문장 2번씩 쓰기

① 시간 낭비니까 빨랑빨랑 관두렴.

힌트 時間の無駄 = 시간 낭비 / さっさと = 빨랑빨랑, 지체 없이 / やめる = 관두다

○

○

② 너무 깊게 생각하지 말고 흐름에 맡기렴.

힌트 深く考える = 깊게 생각하다 / 流れに任せる = 흐름에 맡기다

○

○

응용 문장 모범 답안

① 時間の無駄だからさっさとやめな (よ).
② あんまり深く考えないで流れに任せな (よ).

DAY 007

___월___일

もういい年(とし)なんだから しっかりしなよ。

이제 나이 먹었으니까
정신 차리렴.

문장 파헤치기

3그룹 동사의 '(부드러운) 반말체 현재 명령형'은 불규칙 변화 형태이므로 그냥 암기.

3그룹 동사(불규칙 변화) = ~하렴, ~하거라

- **する**(하다) → **しな** = 하렴, 하거라
- **来(く)る**(오다) → **来(き)な** = 오렴, 오거라

しっかりする = 정신 차리다 → **しっかりしな(よ)** = 정신 차리렴[차리거라]

いい年(とし) = (세상을 분별하기) 좋은 나이, 지긋한 나이

~(な)んだから = ~이기도 하니까
*이유를 나타내는 **だから**와 같은 뜻으로 쓰이나
 동의를 구하거나 설득을 할 때 자주 쓰이는 회화체.

もう	いい年(とし)なんだから	しっかりしなよ。
이제	나이도 먹었으니까	정신 차리렴.

문장 3번 따라 쓰기

o

o

o

응용 문장 2번씩 쓰기

① 남자친구 생기면 데리고 오렴.

힌트 彼氏(かれし) = 남자친구 / できる = 생기다 / 連(つ)れて来(く)る = 데리고 오다

o

o

② 다음 번에 또 전화 오면 경찰에 신고하렴.

힌트 電話(でんわ)(を)してくる = 전화(를) 걸어오다 / 警察(けいさつ)に通報(つうほう)する = 경찰에 신고하다

o

o

응용 문장 모범 답안
① 彼氏(かれし)できたら連(つ)れて来(き)な。
② 今度(こんど)また電話(でんわ)してきたら警察(けいさつ)に通報(つうほう)しな。

DAY 008 ____월 ____일

MP3_008

<ruby>子供<rt>こどもあつか</rt></ruby>扱いするな！

こどもあつか
子供扱いするな！

어린애 취급하지 마!

문장 파헤치기

동사의 기본형+な = ~하지 마(라)

위급한 상황이나 아주 가까운 관계 등에서 사용하는 강한 금지 표현.
(확실하게 당부하고 싶을 때는 **な** 뒤에 '종조사 **よ**'를 붙이기도 함.)

子供(こども) = 아이, 어린애

(명사)+扱いする(あつか) = (명사) 취급하다

子供扱いする(こどもあつか) = 어린애 취급하다

→ **子供扱いするな**(こどもあつか) = 어린애 취급하지 마(라)

<ruby>子供<rt>こども</rt></ruby>　｜　<ruby>扱いするな<rt>あつか</rt></ruby>！
어린애　　　취급하지 마!

문장 3번 따라 쓰기

○

○

○

응용 문장 2번씩 쓰기

① 아직 뜨거우니까 만지지 마.

힌트　熱(あつ)い = 뜨겁다 / 触(さわ)る = 만지다

○

○

② 고작 차인 정도로 울지 마.

힌트　たかが~くらいで = 고작 ~한 정도로 / 振(ふ)られる = 차이다 / 泣(な)く = 울다

○

○

응용 문장 모범 답안

① まだ熱(あつ)いから触(さわ)るな (よ)。

② たかが振(ふ)られたくらいで泣(な)くな (よ)。

DAY 009

___월 ___일

MP3_009

『応答<ruby>せよ</ruby> 1997』
おうとう

'응답하라 1997'

문장 파헤치기

～せよ = **~하라**

위 표현은 '**する**(하다)'로 끝나는 동사의 명령형.
긴박한 상황에서 어떠한 행동을 강요하거나 충고할 때 쓰이며
일상에서 자주 쓰이는 형태는 아님.

応答する = 응답하다 → **応答せよ** = 응답하라

1997 → **いちきゅうきゅうなな**로 발음.

応答せよ 1997 = 응답하라 1997

(*'**応答せよ 1997**'은 2012년 tvN에서 방영되었던 한국 드라마 제목.)

応答せよ	1997
응답하라	1997

문장 3번 따라 쓰기

○

○

○

응용 문장 2번씩 쓰기

① 즉시 출동하라.

힌트 直ちに = 즉시 / 出動する = 출동하다

○

○

② 빨리 높은 곳으로 피난하라.

힌트 高い所 = 높은 곳 / 避難する = 피난하다

○

○

응용 문장 모범 답안

① 直ちに出動せよ。
② 早く高い所に避難せよ。

DAY 010

_____월_____일

待ちやがれ。
게 섰거라.

문장 파헤치기

동사의 ます형 + やがれ = ~해라

위 표현은 아주 거칠고 난폭한 뉘앙스의 명령형.
이 역시 일상에서 자주 쓰이는 형태는 아님

동사의 ます형 + やがる = ~하다, ~해대다

위 표현은 상대방을 경멸하거나 비난할 때,
혹은 부러운 심정을 드러낼 때 사용하는 표현.

待つ = 기다리다
→ 待ちやがれ = 기다려라 → 게 섰거라

待ちやがれ
게 섰거라.

문장 3번 따라 쓰기

o

o

o

응용 문장 2번씩 쓰기

① 마음대로 해라.

힌트 勝手にする = 마음대로 하다, 멋대로 굴다
　　　かって

o

o

② 현실을 봐라.

힌트 現実 = 현실 / 見る = 보다
　　　げんじつ　　　　　み

o

o

응용 문장 모범 답안
① 勝手にしやがれ。
② 現実を見やがれ。

매일 1장

일본어 쓰기 습관
100일의 기적

私は日本語の勉強をする

CHAPTER 02
사역수동형, て형

011 彼女に会う度に愚痴を聞かされる。

012 毎回見たくもない広告を見させられる。

013 最後までやり切る子供たちの姿に感動させられました。

014 冬場は暖房がついていても足元が冷える。

015 家に帰って来たら、食卓に餃子が焼いてあった。

016 とりあえず３人前を頼んでおきました。

017 ゆっくりでいいからずっと成長していきたい。

018 『孤独のグルメ』見てたら、お腹空いてきた。

019 何もしてないのに眠くてたまらないです。

020 いつまでも親に頼ってはいられないと思った。

準備ができました

DAY 011
_____월_____일

MP3_011

彼女(かのじょ)に会(あ)う度(たび)に
愚痴(ぐち)を聞(き)かされる。

그녀를 만날 때마다
푸념을 듣게 된다.

문장 파헤치기

사역수동형 : 어떠한 행위를 누가 시켜서 어쩔 수 없이 하게 됐다고 말하거나 특정 이유로 인해 어떠한 감정이 생기게 되었다고 말할 때 쓰는 표현.
1그룹 동사의 '반말체 현재 사역수동형'은 아래와 같이 만듦.

1그룹 동사(어미를 **あ**단으로 변경)+ **せられる/される** = (어쩔 수 없이) ~하(게 되)다

*회화체에서는 보통 **せられる** 대신 축약형인 **される**를 사용하는데,
話(はな)す와 같이 **す**로 끝나는 동사는 **される**를 쓸 수 없음.
[예시] 話(はな)させられる (O) / 話(はな)さされる (X)

聞(き)く = 듣다 → 聞(き)かせられる/聞(き)かされる = (어쩔 수 없이) 듣(게 되)다
彼女(かのじょ) = 그녀 / 会(あ)う = 만나다 / ~度(たび)に = ~할 때마다 / 愚痴(ぐち) = 푸념

| 彼女(かのじょ)に | 会(あ)う度(たび)に | 愚痴(ぐち)を | 聞(き)かされる。 |
| 그녀를 | 만날 때마다 | 푸념을 | 듣게 된다. |

문장 3번 따라 쓰기

○

○

○

응용 문장 2번씩 쓰기

① 음치인데 술자리에서 (어쩔 수 없이) 노래를 불렀다.

힌트 音痴(おんち)なのに = 음치인데 / 飲(の)み会(かい) = 술자리 / 歌(うた)う = 노래를 부르다

○

○

② 초등학생 때 (누가 시켜서) 자주 복도에 서 있었습니다.

힌트 小学生(しょうがくせい)の頃(ころ) = 초등학생 때 / 廊下(ろうか) = 복도 / 立(た)つ = 서다

○

○

응용 문장 모범 답안

① 音痴(おんち)なのに飲(の)み会(かい)で歌(うた)わされた (= 歌(うた)わせられた)。

② 小学生(しょうがくせい)の頃(ころ)、よく廊下(ろうか)に立(た)たされました (= 立(た)たせられました)。

47

DAY 012

____월____일

MP3_012

毎回見たくもない広告を
見させられる。

매번 보고 싶지도 않은 광고를 보게 된다.

문장 파헤치기

2그룹 동사의 '반말체 현재 사역수동형'은 어미(る)를 탈락시키고 **させられる**를 붙임.

2그룹 동사(어미(る) 탈락)+**させられる** = (어쩔 수 없이) ~하(게 되)다

見る = 보다
→ 見る → 見**させられる** = (어쩔 수 없이) 보(게 되)다
毎回 = 매번
広告 = 광고
見たくもない広告 = 보고 싶지도 않은 광고

毎回	見たくもない広告	見させられる。
매번	보고 싶지도 않은 광고를	보게 된다.

문장 3번 따라 쓰기

o

o

o

응용 문장 2번씩 쓰기

① 직원에게 불려 (어쩔 수 없이) 몇 가지 질문에 답했습니다.

힌트 スタッフ = 직원, 스텝 / 呼ぶ = 부르다 / 質問 = 질문 / 答える = 답하다

o

o

② 학창 시절, 꽤 많은 양의 영어 단어를 (억지로) 외웠다.

힌트 学生時代 = 학창 시절 / 英単語 = 영어 단어 / 覚える = 외우다, 암기하다

o

o

응용 문장 모범 답안

① スタッフに呼ばれて、いくつかの質問に答えさせられました。

② 学生時代、かなりの英単語を覚えさせられた。

DAY 013

____월 ____일

さいご
最後までやり切る子供たちの
すがた　かんどう
姿に感動させられました。

끝까지 해내는 아이들의

모습에 감동했습니다.

문장 파헤치기

3그룹 동사의 '반말체 현재 사역수동형'은 불규칙 변화 형태이므로 그냥 암기.

3그룹 동사(불규칙 변화) = (어쩔 수 없이) ~하(게 되)다

- **する**(하다) → **させられる** = (어쩔 수 없이) 하(게 되)다
- **来る**(오다) → **来させられる** = (어쩔 수 없이) 오(게 되)다

感動する = 감동하다 → **感動させられる** = (~으로 인해) 감동하게 되다
最後まで = 마지막까지 / **やり切る** = 끝까지 해내다, 이루다
子供たち = 아이들 / **姿** = 모습

最後まで	**やり切る**	**子供たちの姿に**
끝까지	해내는	아이들의 모습에

感動させられました。

감동하게 됐습니다(했습니다).

문장 3번 따라 쓰기

-
-
-

응용 문장 2번씩 쓰기

① 늦은 밤에 멀리까지 (어쩔 수 없이) 마중 오게 되었다.

힌트 深夜に = 늦은 밤에 / 遠い所 = 먼 곳 / 迎えに来る = 마중 오다, 데리러 오다

-
-

② 틈만 나면 (어쩔 수 없이) 딸의 소꿉놀이 상대를 한다.

힌트 暇さえあれば = 틈만 나면 / ままごと = 소꿉놀이 / 相手をする = 상대를

-
-

응용 문장 모범 답안

① 深夜に遠い所まで迎えに来させられた。
② 暇さえあれば娘にままごとの相手をさせられる。

DAY 014

____월____일

MP3_014

冬場（ふゆば）は暖房（だんぼう）がついていても足元（あしもと）が冷（ひ）える。

겨울철은 난방이 켜져 있어도

발밑이 시리다.

문장 파헤치기

～が+자동사+**ている** = ~이[가] ~한 상태이다[~해져 있다]

자연스럽게 혹은 저절로 발생하는[일어나는] 일을 말할 때 쓰는 상태 표현.
사람의 의지나 의도가 영향을 미치지 않은 경우에 사용됨.
(*참고: '타동사+**ている**(~하고 있다)'라는 표현은 '진행'을 나타냄.)

～がつく = ~이[가] 켜지다 → **～がついている** = ~이[가] 켜져 있다
冬場(ふゆば) = 겨울(철) / **暖房**(だんぼう) = 난방 / **足元**(あしもと) = 발밑, 발 아래
冷える(ひえる) = 차가워지다, 시리다

冬場（ふゆば）は	暖房（だんぼう）が	ついていても
겨울은	난방이	켜져 있어도
足元（あしもと）が	冷（ひ）える。	
발밑이	시리다.	

문장 3번 따라 쓰기

◦

◦

◦

응용 문장 2번씩 쓰기

① 유리가 깨져 있으니 조심해.

힌트 ガラス = 유리 / 割れる = 깨지다 / 気をつける = 조심하다

◦

◦

② 사고로 전철이 멈춰 있다고 해요.

힌트 事故で = 사고로 / 電車 = 전철 / 止まる = 멈추다, 정지하다

◦

◦

응용 문장 모범 답안

① ガラスが割れているから気をつけてね。
② 事故で電車が止まっているそうです。

DAY 015 ____월 ____일

MP3_015

家<ruby>いえ</ruby>に帰<ruby>かえ</ruby>って来<ruby>き</ruby>たら、
食卓<ruby>しょくたく</ruby>に餃子<ruby>ぎょうざ</ruby>が焼<ruby>や</ruby>いてあった。

집에 돌아왔더니
식탁에 만두가 구워져 있었다.

문장 파헤치기

～が+타동사+てある = ~이[가] ~한 상태이다[~해져 있다]

누군가의 의도로 인해 발생한 결과를 말할 때 쓰는 상태 표현.
앞서 배운 '자동사+**ている**'와 결과값이 같지만 결과를 초래한 원인이 다름.
(*또한 회화체에서는 **ていません**에서 **い**가 생략 가능함.)

*窓<ruby>まど</ruby>が開<ruby>あ</ruby>いている = (저절로, 바람이 불어서) 창문이 열려 있다
*窓<ruby>まど</ruby>が開<ruby>あ</ruby>けてある = (일부러, 누군가 환기를 위해 열어서) 창문이 열려 있다
～を焼<ruby>や</ruby>く = ~을[를] 굽다 → ～が焼<ruby>や</ruby>いてある = ~이[가] 구워져 있다
家<ruby>いえ</ruby>に帰<ruby>かえ</ruby>って来<ruby>く</ruby>る = 집에 돌아오다 / 食卓<ruby>しょくたく</ruby> = 식탁 / 餃子<ruby>ぎょうざ</ruby> = 만두

家<ruby>いえ</ruby>に	帰<ruby>かえ</ruby>って来<ruby>き</ruby>たら	食卓<ruby>しょくたく</ruby>に
집에	돌아왔더니	식탁에

餃子<ruby>ぎょうざ</ruby>が	焼<ruby>や</ruby>いてあった。
만두가	구워져 있었다.

문장 3번 따라 쓰기

o

o

o

응용 문장 2번씩 쓰기

① 가방 안에 부적이 들어 있었어요(= 넣어져 있었어요).

힌트 鞄の中 = 가방 안 / お守り = (행운을 기원하는) 부적 / 入れる = 넣다

o

o

② 병실 입구에 이름표가 걸려 있었다(= 걸어져 있었다).

힌트 病室 = 병실 / 入り口 = 입구 / 名札 = 이름표 / 掛ける = 걸다

o

o

응용 문장 모범 답안

① 鞄の中にお守りが入れてありました。
② 病室の入り口に名札が掛けてあった。

DAY 016 ___월___일

MP3_016

とりあえず 3人前(さんにんまえ)を
頼(たの)んでおきました。

일단 3인분을
시켜 뒀어요.

문장 파헤치기

〜を+타동사+**ておく** = ~을[를] ~해 두다, ~해 놓다

앞으로 일어날 특정 상황에 대비해 어떤 일을 미리 준비해 두거나
그렇게 준비해서 그대로 둔다(방치)고 말할 때 쓰는 표현.
*예외적으로 '자동사'가 쓰이는 경우도 있음. (寝(ね)る(자다) → 寝(ね)ておく(자두다))
*회화에서는 ておく의 축약형 とく가 자주 쓰임. (寝(ね)とく = 자두다)

頼(たの)む = (음식 등을) 시키다, 주문하다, 부탁하다
→ 頼(たの)んでおく/頼(たの)んどく = 시켜 두다, 주문해 두다, 부탁해 두다
とりあえず = 일단, 우선 / 3人前(さんにんまえ) = 3인분

とりあえず	3人前(さんにんまえ)を	頼(たの)んでおきました。
일단	3인분을	시켜 뒀어요.

문장 3번 따라 쓰기

○

○

○

응용 문장 2번씩 쓰기

① 저녁밥 만들어 뒀으니까 나중에 먹어.

힌트 夕食(ゆうしょく) = 저녁밥 / 作(つく)る = 만들다 / 後(あと)で = 나중에, 이따가 / 食(た)べる = 먹다

○

○

② 여러 가지 알바를 해 둬서 다행이에요.

힌트 いろんなバイト = 여러 가지 알바 / ~てよかった = ~해서 다행이다

○

○

응용 문장 모범 답안

① 夕食(ゆうしょく)作(つく)っておいたから (= 作(つく)っといたから) 後(あと)で食(た)べてね。

② いろんなバイトをしておいて (= しといて) よかったです。

DAY 017 ____월____일

MP3_017

ゆっくりでいいから
ずっと成長(せいちょう)していきたい。

느려도 좋으니까
계속 성장해 가고 싶다.

문장 파헤치기

동사의 て형+いく = ~해 가다

현재부터 미래까지 어떠한 상태가 지속되거나
미래에 어떠한 상태로 변화해 가는 것을 말할 때 쓰는 표현.
(*어떠한 감정이나 상태가 화자로부터 멀어질 때에도 사용.)

成長(せいちょう)する = 성장하다 → **成長(せいちょう)していく** = 성장해 가다

~たい = ~하고 싶다 → **成長(せいちょう)していきたい** = 성장해 가고 싶다

ゆっくり = 천천히, 느긋하게

~ていいから = ~여도 좋으니까[괜찮으니까]

ずっと = 계속, 쭉

ゆっくりでいいから	ずっと	成長(せいちょう)していきたい。
느려도 좋으니까	계속	성장해 가고 싶다.

문장 3번 따라 쓰기

○

○

○

응용 문장 2번씩 쓰기

① 친구랑 얘기하는 새에 분노의 감정이 사라져 갔다.

힌트 話(はな)しているうちに = 얘기하는 새에 / 怒(いか)り = 분노 / 薄(うす)れる = 희미해지다

○

○

② 저출산 고령화가 진행되면 노동인구가 줄어든다.

힌트 少子高齢化(しょうしこうれいか) = 저출산 고령화 / 労働人口(ろうどうじんこう) = 노동인구 / 減(へ)る = 줄다

○

○

응용 문장 모범 답안

① 友(とも)達(だち)と話(はな)しているうちに怒(いか)りの感(かん)情(じょう)が薄(うす)れていった。

② 少子高齢化(しょうしこうれいか)が進(すす)むと、労働人口(ろうどうじんこう)が減(へ)っていく。

DAY 018

____월 ____일

『孤独(こどく)のグルメ』見(み)てたら、
お腹(なか)空(す)いてきた。

'고독한 미식가' 보니까

배고파졌어.

문장 파헤치기

동사의 て형+くる = ~해 오다

과거부터 현재까지 어떠한 상태가 지속되거나
현재 어떠한 상태로 변화한 것을 말할 때 쓰는 표현.
(*어떠한 감정이나 상태가 화자에게 현재 다가올[가까워 올] 때에도 사용.)

お腹(なか)(が)空(す)く = 배(가) 고프다
→ お腹(なか)空(す)いてくる = 배고파오다, 배고파지다
お腹(なか)空(す)いてきた = 배고파졌어
孤独(こどく)のグルメ = 고독한 미식가 (만화 '고독한 미식가'를 원작으로 한 일본 드라마)
見(み)て(い)たら = 보고 있었더니, 보니까

『孤独(こどく)のグルメ』見(み)てたら、 | お腹(なか)空(す)いてきた。
'고독한 미식가' 보니까　　　　　　배고파졌어.

문장 3번 따라 쓰기

○

○

○

응용 문장 2번씩 쓰기

① 재미있는 비즈니스 아이디어가 떠올랐다.

힌트 面白い = 재미있다 / ビジネスアイデア = 비즈니스 아이디어 / 浮かぶ = 떠오르다

○

○

② 드디어 결전의 날이 다가왔습니다.

힌트 いよいよ = 드디어 / 決戦の日 = 결전의 날 / 近づく = 가까이 가다

○

○

응용 문장 모범 답안

① 面白いビジネスアイデアが浮かんできた。
② いよいよ決戦の日が近づいてきました。

DAY 019 ____월 ____일

何(なに)もしてないのに
眠(ねむ)くてたまらないです。

아무것도 안 했는데
졸려 죽겠어요.

문장 파헤치기

동사의 **て**형 + **たまらない** = ~해서 견딜 수 없다, 너무 ~하다

명사의 기본형/**な**형용사 + **でたまらない** = ~해서 견딜 수 없다, 너무 ~하다

い형용사의 어간 + **くてたまらない** = ~해서 견딜 수 없다, 너무 ~하다

참을 수 없을 정도의 강한 감정과 감각을 말할 때 쓰는 표현.
'〜てしょうがない'와 같은 의미로 쓰이기도 함.
眠(ねむ)い = 졸리다 → 眠(ねむ)くてたまらない = 졸려서 견딜 수 없다, 졸려 죽겠다
何(なに)もしない = 아무것도 하지 않다
何(なに)もして(い)ない = 아무것도 하지 않은 상태다

何(なに)も	してないのに	眠(ねむ)くてたまらないです。
아무것도	안 했는데	졸려 죽겠어요.

문장 3번 따라 쓰기

○

○

○

응용 문장 2번씩 쓰기

① 손주가 보고 싶어 미치겠어.

힌트 孫(まご) = 손주 / 会(あ)いたい = 보고 싶다

○

○

② 요 근래 어머니 몸 상태가 안 좋아서 너무 걱정됐다.

힌트 ここ最近(さいきん) = 요 근래 / 体調不良(たいちょうふりょう) = 몸 상태가 안 좋음 / 心配(しんぱい)だ = 걱정이다

○

○

응용 문장 모범 답안

① 孫(まご)に会(あ)いたくてたまらないよ。
② ここ最近(さいきんはは)母が体調不良(たいちょうふりょう)で心配(しんぱい)でたまらなかった。

DAY 020

____월 ____일

いつまでも親に頼ってはいられないと思った。

언제까지나 부모님에게
의지할 수만은 없다고 생각했다.

문장 파헤치기

동사의 て형 + (は)いられない = ~하고 있을 수(는) 없다

명사의 기본형/な형용사 + で(は)いられない = ~(으)로/~하게 있을 수(는) 없다

い형용사의 어간 + くて(は)いられない = ~하게 있을 수(는) 없다

본인의 사정이나 상황 때문에 어떠한 행동이나 상태를
지속할 수 없다고 말할 때 쓰는 표현.

頼る = 의지하다 → 頼ってはいられない = 의지할 수만은 없다
いつまでも = 언제까지나 / 親 = 부모 / ~と思う = ~라고 생각하다

いつまでも | 親に
언제까지나   부모님에게

頼ってはいられない | と思った。
의지할 수만은 없다   고 생각했다.

문장 3번 따라 쓰기

○

○

○

응용 문장 2번씩 쓰기

① 이제 더 이상 기다리고 있을 수(는) 없어.

힌트 もうこれ以上(いじょう) = 이제 더 이상 / 待(ま)つ = 기다리다

○

○

② 너무 슬퍼서 제정신으로 있을 수(는) 없어요.

힌트 悲(かな)しすぎる = 너무 슬프다 / 正気(しょうき)だ = 제정신이다

○

○

응용 문장 모범 답안

① もうこれ以上(いじょう)待(ま)って(は)いられない。

② 悲(かな)しすぎて正気(しょうき)で(は)いられないです。

매일 1장
일본어 쓰기 습관
100일의 기적

私は日本語の勉強をする

CHAPTER 03
관용어

021　ノリがいいから営業職に向いてると思う。

022　こんな所で油売ってないで早く帰ったらどうですか。

023　二人とも我が強くて負けず嫌いな性格です。

024　結構面白いから気が向いたら見てみて。

025　過ぎたことは水に流して、次に進みましょう。

026　SNSで目を引く写真を撮るためにはいくつかのコツが必要です。

027　口が滑って余計なことを言っちゃった。

028　自分の顔に泥を塗るような真似はするな。

029　親父の武勇伝は耳にタコができるほど聞かされた。

030　親孝行な娘さんを持ってご両親は鼻が高いでしょうね。

準備ができました

DAY 021

____월 ____일

MP3_021

ノリがいいから
営業職(えいぎょうしょく)に向(む)いてると思(おも)う。

붙임성이 좋으니까

영업직이 잘 맞을 것 같다.

문장 파헤치기

관용어 : 두 개 이상의 단어가 합쳐져 만들어진 표현으로서 사전적 해석만으로는 전체의 의미를 알 수 없는, 특수한 의미를 가지는 어구를 가리킴.

'ノリ(반응, 분위기, 템포)'가 쓰이는 관용어

- ノリが いい(良(よ)い) = 반응이 좋다 → 붙임성[사교성/리액션]이 좋다
- ノリが 悪(わる)い = 반응이 안 좋다 → (반응이) 재미없다
- ノリが 合(あ)う = 반응이 합쳐지다 → 코드가 맞다

営業職(えいぎょうしょく) = 영업직 / ～に向(む)いて(い)る = ~에 적합하다[적성에 맞다]

～から = ~이니까 / ～と思(おも)う = ~라고 생각하다, ~일 것 같다

ノリがいいから	営業職(えいぎょうしょく)に向(む)いてると思(おも)う。
붙임성이 좋으니까	영업직이 잘 맞을 것 같다.

문장 3번 따라 쓰기

o

o

o

응용 문장 2번씩 쓰기

① 술자리를 계속 거절했더니 주변 사람들에게 '재미없다'는 소리를 들었어요.

> 힌트 飲(の)み会(かい) = 술자리 / 断(ことわ)り続(つづ)ける = 계속 거절하다 / 周囲(しゅうい)から = 주변 사람들에게

o

o

② 취미나 코드가 맞는 사람과는 금방 친해질 수 있다.

> 힌트 趣味(しゅみ) = 취미 / すぐ = 금방 / 仲良(なかよ)くなる = 친해지다

o

o

응용 문장 모범 답안

① 飲(の)み会(かい)を断(ことわ)り続(つづ)けていたら、周囲(しゅうい)から「ノリが悪(わる)い」と言(い)われました。

② 趣味(しゅみ)やノリが合(あ)う人(ひと)とはすぐ仲良(なかよ)くなれる。

DAY 022

_____월_____일

こんな所で油売ってないで早く帰ったらどうですか。

이런 데서 노닥거리지 말고

빨리 집에 가는 게 어때요?

문장 파헤치기

'油(기름; 활기)·脂(기름)'가 쓰이는 관용어

- 油を売る = 활기를 팔다 → 농땡이 부리다, 노닥거리다
- 脂が乗る = 기름이 오르다 → (생선이나 닭고기 등의 지방이 늘어) 살이 오르다
  (컨디션이 좋아져서 일이나 공부가) 잘 되다
- 火に油を注ぐ = 불에 기름을 붓다 → (상황을) 악화시키다, 불난 집에 부채질하다

こんな所 = 이런 곳 / 早く = 빨리 / 帰る = (집에) 돌아가다

〜たらどうですか = ~하는 게 어때요?

こんな所で	油(を)売ってないで
이런 데서	노닥거리지 말고
早く	帰ったらどうですか。
빨리	집에 가는 게 어때요?

문장 3번 따라 쓰기

○

○

○

응용 문장 2번씩 쓰기

① 겨울 방어는 살이 올라서 입에서 녹아요.

> 힌트 寒ブリ = 겨울 방어 / 口の中で = 입 안에서 / とろける = 녹(아서 부드러워지)다

○

○

② 어설픈 변명은 불난 집에 부채질할 뿐입니다.

> 힌트 下手な言い訳 = 어설픈 변명 / ~だけだ = ~할 뿐이다

○

○

응용 문상 모범 답안

① 寒ブリは脂が乗って (い) て口の中でとろけます。

② 下手な言い訳は火に油を注ぐだけです。

DAY 023

_____월_____일

二人<small>ふたり</small>とも我<small>が</small>が強<small>つよ</small>くて負<small>ま</small>けず嫌<small>ぎら</small>いな性格<small>せいかく</small>です。

둘 다 자기 주장이 강하고
지기 싫어하는 성격이에요.

문장 파헤치기

'我(나[자신])'가 쓰이는 관용어

- **我<small>が</small>が強<small>つよ</small>い** = 내가 강하다 → 자기 주장이 강하다, 고집이 세다
- **我<small>われ</small>を忘<small>わす</small>れる** = 나를 까먹다 → (무언가에 마음을 빼앗겨) 넋을 잃다, 무아지경이 되다
- **我<small>が</small>を通<small>とお</small>す** = 나를 관철하다 → 본인의 생각을 굽히지 않고 밀고 나가다

二人<small>ふたり</small>とも = 둘 다
負<small>ま</small>けず嫌<small>ぎら</small>いだ = 지기 싫어하다, 승부욕이 강하다
性格<small>せいかく</small> = 성격
負<small>ま</small>けず嫌<small>ぎら</small>いな性格<small>せいかく</small> = 지기 싫어하는[승부욕이 강한] 성격

二人<small>ふたり</small>とも	我<small>が</small>が強<small>つよ</small>くて	負<small>ま</small>けず嫌<small>ぎら</small>いな性格<small>せいかく</small>です。
둘 다	자기 주장이 강하고	지기 싫어하는 성격이에요.

문장 3번 따라 쓰기

○

○

○

응용 문장 2번씩 쓰기

① 무아지경이 될 정도로 몰두할 수 있는 걸 원해.

힌트 ~ほど = ~정도[만큼] / 夢中になる = 몰두하다 / ~がほしい = ~을 원하다

○

○

② 불쾌하게 만들면서까지 (제) 주장을 밀고 나가고 싶지는 않아요.

힌트 嫌な思いをする = 불쾌한 기분이 들다

○

○

응용 문장 모범 답안

① 我を忘れるほど夢中になれるものがほしい。
② 嫌な思いをさせてまで我を通したくはありません。

DAY 024   ___월 ___일

MP3_024

結構<ruby>面白<rt>おもしろ</rt></ruby>いから
気が向いたら見てみて。
(けっこうおもしろ / き む み)

꽤 재밌으니까

마음 내키면 봐 봐.

문장 파헤치기

'気(마음)'가 쓰이는 관용어

- 気が向く = 마음이 향하다 → 마음이 내키다, 할 마음이 들다
- 気が済む = 마음이 해결되다
  → (걱정되는 일이 없어져서) 마음이 놓이다, 직성이 풀리다
- 気が利く = 마음이 잘 움직이다[기능을 발휘하다]
  → 세심한 부분까지 신경이 미치다, 센스가 있다

結構 = 꽤 / 面白い = 재미있다 / 〜から = ~이니까, ~이기 때문에
見てみる = 봐 보다

結構	面白いから	気が向いたら	見てみて。
꽤	재밌으니까	마음 내키면	봐 봐.

문장 3번 따라 쓰기

○

○

○

응용 문장 2번씩 쓰기

① 완벽주의자라서 몇 번이나 확인하지 않으면 직성이 안 풀린다.

힌트 完璧主義者(かんぺきしゅぎしゃ) = 완벽주의자 / 何度(なんど)も = 몇 번이나 / 確認(かくにん)する = 확인하다

○

○

② 일도 잘하고 센스가 있는 부하는 상사에게 신뢰를 얻습니다.

힌트 仕事(しごと)ができる = 일을 잘하다 / 上司(じょうし) = 상사 / 信頼(しんらい)される = 신뢰를 얻다

○

○

응용 문장 모범 답안

① 完璧主義者(かんぺきしゅぎしゃ)で、何度(なんど)も確認(かくにん)しないと気(き)が済(す)まない。
② 仕事(しごと)もできて気(き)が利(き)く部下(ぶか)は上司(じょうし)に信頼(しんらい)されます。

DAY 025

_____월 _____일

過ぎたことは水に流して
次に進みましょう。

지나간 일은 흘려보내고
다음으로 넘어갑시다.

문장 파헤치기

'水(물)'가 쓰이는 관용어

- 水に流す = 물에 흐르다
  → 과거에 있었던 일을 모두 없었던 것으로 하다, 흘려보내다
- 汗水流す = 땀이 흐르다 → 열심히 일하다, (피)땀 흘려 일하다
- 水を差す = 물을 넣다
  → (순조롭게 진행되던 일을) 방해하다, 찬물을 끼얹다, 산통(을) 깨다

過ぎる = (시간,기한이) 지나다 → 過ぎたこと = 지나간 일
次 = 다음 / 進む = 나아가다 / 〜ましょう = ~합시다

過ぎたことは	水に流して、	次に	進みましょう。
지나간 일은	흘려보내고	다음으로	넘어갑시다.

문장 3번 따라 쓰기

◦

◦

◦

응용 문장 2번씩 쓰기

① 아버지는 가족을 위해 매일 땀 흘려 일해 주었다.

힌트 父 = 아버지 / 家族のために = 가족을 위해 / 働いてくれる = 일해 주다

◦

◦

② 한창 신나 있는데 산통 깨는 것 같아서 미안한데 슬슬 시간이 다 됐어.

힌트 盛り上がる = 신나다 / 悪い = 미안하다 / そろそろ時間だ = 슬슬 시간이 다 됐다

◦

◦

응용 문장 모범 답안

① 父は家族のために毎日汗水流して働いてくれた。
② 盛り上がって(い)るところに水を差すようで悪いけど、そろそろ時間だよ。

DAY 026

_____월 _____일

SNSで目を引く写真を撮るためにはいくつかのコツが必要です。

SNS에서 시선을 끄는 사진을 찍기 위해서는 몇 가지 요령이 필요해요.

문장 파헤치기

'目(눈)'가 쓰이는 관용어

- **目を引く** = 눈을 끌다 → 주의나 시선을 끌다, 이목을 집중시키다
- **目がない** = 눈이 없다 → (사리분별을 못할 정도로) 매우 좋아하다, 사족을 못 쓰다
- **目が離せない** = 눈을 뗄 수 없다 → 잠시도 한눈을 팔 수가 없다

SNSで = SNS에서 / **写真** = 사진 / **写真を撮る** = 사진을 찍다
いくつか = 몇 가지 / **コツ** = 요령, 팁
必要だ = 필요하다

SNSで	目を引く写真を	撮るためには
SNS에서	시선을 끄는 사진을	찍기 위해서는
	いくつかのコツが	必要です。
	몇 가지 요령이	필요해요.

문장 3번 따라 쓰기

○

○

○

응용 문장 2번씩 쓰기

① 다이어트하고 싶지만 단것에 사족을 못 써서 식단 관리가 안 이어진다.

힌트 ダイエットする = 다이어트하다 / 食事制限(しょくじせいげん) = 식단 관리 / 続(つづ)く = 이어지다

○

○

② 아이가 다칠까 봐 걱정이 돼서 좀처럼 눈을 뗄 수가 없어요.

힌트 子供(こども) = 아이 / 怪我(けが) = 상처, 다치는 것 / 心配(しんぱい)だ = 걱정이다 / なかなか = 좀처럼

○

○

응용 문장 모범 답안

① ダイエットしたいけど甘(あま)いものに目(め)がなくて食事制限(しょくじせいげん)が続(つづ)かない。

② 子供(こども)の怪我(けが)が心配(しんぱい)でなかなか目(め)が離(はな)せません。

DAY 027

____월 ____일

口(くち)が滑(すべ)って
余計(よけい)なことを言(い)っちゃった。

입을 잘못 놀려서
괜한 소리를 해 버렸어.

문장 파헤치기

'口(くち)(입)'가 쓰이는 관용어

- 口(くち)が滑(すべ)る = 입이 미끄러지다 → 실언하다, 입을 잘못 놀리다
- 口(くち)が堅(かた)い = 입이 단단하다 → 해선 안 될 말을 함부로 하지 않다, 입이 무겁다
- 口(くち)が悪(わる)い = 입이 나쁘다 → 헐뜯는 소리를 하다, 입이 걸다, 욕을 하다

余計(よけい)なこと = 쓸데없는 일, 괜한 소리

言(い)う = 말하다

余計(よけい)なことを言(い)う = 괜한 소리를 (말)하다

〜てしまう(=ちゃう) = ~해 버리다

口(くち)が滑(すべ)って	余計(よけい)なことを	言(い)っちゃった。
입을 잘못 놀려서	괜한 소리를	해 버렸어.

문장 3번 따라 쓰기

◦

◦

◦

응용 문장 2번씩 쓰기

① 저 녀석은 입이 무거워서 믿을 만하다.

힌트   あいつ = 저 녀석 / 信用(しんよう)できる = 믿을 수 있다, 믿을 만하다

◦

◦

② 주방장의 실력은 확실한데 입이 걸어요.

힌트   料理長(りょうりちょう) = 주방장 / 腕(うで) = 실력, 솜씨

◦

◦

응용 문상 모범 답안
① あいつは口(くち)が堅(かた)くて信用(しんよう)できる。
② 料理長(りょうりちょう)の腕(うで)は確(たし)かですが、口(くち)が悪(わる)いです。

DAY 028

____월 ____일

自分の顔に泥を塗るような真似はするな。

본인 얼굴에
먹칠하는 짓은 하지 마라.

문장 파헤치기

'顔(얼굴, 안면)'가 쓰이는 관용어

- 顔に泥を塗る = 얼굴에 진흙을 바르다 → 얼굴에 먹칠을 하다, 명예를 실추시키다
- 顔が広い = 안면이 넓다 → 교제하는 지인이 많다, 발이 넓다
- 顔を貸す = 얼굴을 빌려주다 → (남의 부탁을 받고) 만나다, 남 앞에 나가다

自分 = 본인 → 自分の顔 = 본인(의) 얼굴

真似 = 몸짓, 행동

顔に泥を塗るような真似 = 얼굴에 먹칠을 하는 듯한 짓[행동]

〜するな = ~하지 마(라)

| 自分の顔に | 泥を塗るような真似は | するな。 |
| 본인 얼굴에 | 먹칠을 하는 짓은 | 하지 마라. |

문장 3번 따라 쓰기

○

○

○

응용 문장 2번씩 쓰기

① 과장님은 발이 넓으니까 여러 사람들을 소개해 줄 거예요.

힌트 課長(かちょう) = 과장(님) / いろんな人(ひと) = 여러 사람들 / 紹介(しょうかい)する = 소개하다

○

○

② 잠깐 나 좀 봐(만나러 나와 봐). 벤치에서 기다리고 있을 테니까.

힌트 ちょっと = 잠깐 / 待(ま)つ = 기다리다

○

○

응용 문장 모범 답안

① 課長(かちょう)は顔(かお)が広(ひろ)いから、いろんな人(ひと)を紹介(しょうかい)してくれると思(おも)います (よ)。

② ちょっと顔(かお)貸(か)して。ベンチで待(ま)って (い) るから。

DAY 029

____월 ____일

親父の武勇伝は耳にタコができるほど聞かされた。

아버지 무용담은 귀에 못이 박일 정도로 들었다.

문장 파헤치기

'耳(귀)'가 쓰이는 관용어

- **耳にタコができる** = 귀에 못이 박이다 → 같은 소리를 여러 번 들어 질리다
- **耳が痛い** = 귀가 뜨끔하다 → (본인의 약점이 찔려) 듣고 있기 거북하다, 찔리다
- **耳が遠い** = 귀가 멀다 → 귀가 잘 들리지 않다, 귀가 어둡다

ほど = ~정도[만큼]
親父 = 주로 성인 남성이 본인의 아버지를 편하게 표현할 때 쓰는 말
武勇伝 = 무용담 / **聞かされる** = (어쩔 수 없이) 듣게 되다

親父の武勇伝は		
아버지 무용담은		
耳に	タコができるほど	聞かされた。
귀에	못이 박일 정도로	들었다.

문장 3번 따라 쓰기

○

○

○

응용 문장 2번씩 쓰기

① 책임감이 부족하다는 소리를 들어서 찔렸다.

힌트 責任感(せきにんかん) = 책임감 / 足(た)りない = 부족하다 / 言(い)われる = (남에게 어떤 소리를) 듣다

○

○

② 어머니는 귀가 어두워서 전화로 대화를 나누는 게 어려워요.

힌트 母(はは) = 어머니 / 電話(でんわ) = 전화 / コミュニケーション = 대화 / 難(むずか)しい = 어렵다

○

○

응용 문장 모범 답안

① 責任感(せきにんかん)が足(た)りないと言(い)われて耳(みみ)が痛(いた)かった。
② 母(はは)は耳(みみ)が遠(とお)くて電話(でんわ)でのコミュニケーションが難(むずか)しいです。

DAY 030

____월____일

おや こう こう　むすめ　　　　も
親孝行な娘さんを持って
りょうしん　　　はな　たか
ご両親は鼻が高いでしょうね。

효녀를 둬서

부모님은 뿌듯하시겠어요.

문장 파헤치기

'鼻(코)'가 쓰이는 관용어

- 鼻が高い = 코가 높다 → 자랑스럽다, 뿌듯하다, 우쭐하다, 으쓱해지다
- 鼻につく = 코에 (안 좋은 것이) 묻다 → 질려서 싫어지다, 남의 행동이 아니꼽다
- 鼻で笑う = 코로 웃다 → 상대방을 깔보며 비웃다, 코웃음치다, 콧방귀 뀌다

親孝行 = 효도, 효도하는 사람 / 娘さん = 따님
持つ = 들다, 가지다
ご両親 = 부모님 (남의 부모를 높이는 표현)

親孝行な娘さんを | 持って
효녀를 | 둬서
ご両親は | 鼻が高いでしょうね。
부모님은 | 뿌듯하시겠어요.

문장 3번 따라 쓰기

○

○

○

응용 문장 2번씩 쓰기

① 주인공의 거만한 태도가 아니꼽다.

> 힌트 主人公(しゅじんこう) = 주인공 / 態度(たいど) = 태도 / 鼻(はな)につく = 아니꼽다

○

○

② 진지한 이야기를 하고 있었는데 비웃음을 당했어요.

> 힌트 真面目(まじめ)な話(はなし) = 진지한 이야기

○

○

응용 문장 모범 답안

① 主人公(しゅじんこう)の偉(えら)そうな態度(たいど)が鼻(はな)につく。

② 真面目(まじめ)な話(はなし)をしていたのに鼻(はな)で笑(わら)われました。

87

매일 1장
일본어 쓰기 습관 100일의 기적

私は日本語の勉強をする

CHAPTER 04
오노마토페, 복합동사

031 いよいよ明日は推しのライブでわくわくが止まりません。

032 店員と客のやり取りが面白くて思わずクスクス笑ってしまった。

033 いつまでもめそめそしてないで元気出してよ！

034 ぐずぐずしてると間に合わないからね！

035 朝から頭がずきずきして、仕事が手につきません。

036 店内に飲食物を持ち込まないでください。

037 ウチの冷凍庫にはいつも食べかけのアイスクリームが入ってる。

038 そういえば言い忘れてたけど昨日はありがとう。

039 次男は僕の顔を見るだけで笑い出します。

040 化粧水を使い切るまでどれくらいかかりますか。

準備ができました

DAY 031

_____월_____일

MP3_031

いよいよ明日は推しのライブで わくわくが止まりません。

드디어 내일은 최애의 라이브 공연이라 기대돼서 미치겠어요.

문장 파헤치기

오노마토페 : 오노마토페(onomatopée)는 사물이나 사람의 소리, 움직임, 상태를 흉내 내는 말인 '의성어, 의태어'를 총칭하는 표현.

'가슴이 뛰는 모양새'를 나타내는 오노마토페

- **わくわく** = 기대나 기쁨으로 가슴이 설레는 모양새, 두근두근
- **ドキドキ** = 긴장이나 불안 등으로 심장 박동이 빨라지는 모양새, 두근두근
- **うきうき** = 신나고 즐거워서 마음이 들뜬 모양새

推し = 최애 / **ライブ** = 라이브 공연 / **止まる** = 멈추다

いよいよ	明日は	推しのライブで
드디어	내일은	최애의 라이브 공연이라

わくわくが止まりません。
두근두근[설렘]이 멈추지 않아요. (= 기대돼서 미치겠어요.)

문장 3번 따라 쓰기

○

○

○

응용 문장 2번씩 쓰기

① 매주 복권 결과를 확인할 때마다 두근거려요.

힌트 宝(たから)くじの結果(けっか) = 복권 결과 / 確認(かくにん)する = 확인하다 / ドキドキする = 두근거리다

○

○

② 아이들은 오랜만에 멀리 나들이를 가게 되어 들떠있다.

힌트 久(ひさ)しぶり = 오랜만 / 遠出(とおで) = 멀리 나가는 것, 나들이 / うきうきする = 들뜨다

○

○

응용 문장 모범 답안

① 毎週(まいしゅう)宝(たから)くじの結果(けっか)を確認(かくにん)するたびにドキドキします。

② 子供(こども)たちは久(ひさ)しぶりの遠出(とおで)でうきうきしている。

DAY 032

___월 ___일

店員と客のやり取りが面白くて思わずクスクス笑ってしまった。

점원과 손님의 대화가 재미있어서

나도 모르게 키득키득 웃고 말았다.

문장 파헤치기

'웃는 모양새'를 나타내는 오노마토페

- **クスクス** = 소리를 죽여 웃거나 웃음을 열심히 참는 모양새, 키득키득
- **にこにこ** = 즐거운 듯 미소를 짓는 모양새, 생긋생긋, 싱글벙글
- **ゲラゲラ** = 망설임 없이 큰 소리로 웃는 모양새, 껄껄, 깔깔

店員 = 점원 / **客** = 손님 / **やり取り** = 대화 / **面白い** = 재미있다
思わず = 나도 모르게 / **クスクス(と)笑う** = 키득키득 웃다, 킥킥거리다
~てしまう = ~해 버리다, ~하고 말다

| 店員と客のやり取りが | 面白くて |
| 점원과 손님의 대화가 | 재미있어서 |

| 思わず | クスクス笑ってしまった。 |
| 나도 모르게 | 키득키득 웃고 말았다. |

문장 3번 따라 쓰기

○

○

○

응용 문장 2번씩 쓰기

① 그녀는 늘 생긋생긋 웃고 있어서 같이 있으면 마음이 편해요.

힌트 にこにこする = 생긋생긋 웃다 / 居心地(いごこち)がいい = 마음이 편하다

○

○

② 두 살배기 딸은 개그 프로그램을 보면서 깔깔거리며 웃고 있다.

힌트 お笑(わら)い番組(ばんぐみ) = 개그 프로그램 / ゲラゲラ笑(わら)う = 깔깔거리며 웃다

○

○

응용 문장 모범 답안

① 彼女(かのじょ)はいつもにこにこしていて一緒(いっしょ)にいると居心地(いごこち)がいいです。

② ２歳(にさい)の娘(むすめ)はお笑(わら)い番組(ばんぐみ)を見(み)ながらゲラゲラ笑(わら)っている。

DAY 033　　___월___일

いつまでもめそめそしてないで
元気出してよ！

언제까지나 울먹거리고 있지 말고
기운 내라고!

문장 파헤치기

'우는 모양새'를 나타내는 오노마토페

- **めそめそ** = 소리 없이 또는 연약하게 우는 모양새, 훌쩍훌쩍, 울먹울먹
- **わんわん** = 큰소리를 내며 우는 모양새, 엉엉
- **ぽろぽろ** = 작은 알갱이가 떨어지는 모양새, 뚝뚝, 주르르

いつまでも = 언제까지나

めそめそする = 울먹울먹[훌쩍훌쩍]하다 → 울먹[훌쩍]거리다

めそめそして(い)ないで = 울먹[훌쩍]거리고 있지 말고

元気を出す = 기운을 내다

いつまでも	めそめそしてないで	元気出してよ!
언제까지나	울먹거리고 있지 말고	기운 내라고!

문장 3번 따라 쓰기

○

○

○

응용 문장 2번씩 쓰기

① 아끼는 고양이가 무지개 다리를 건넌 날 어머니 품속에서 엉엉 울었다.

힌트 虹の橋を渡る = 무지개 다리를 건너다 / 胸の中 = 품속 / わんわん泣く = 엉엉 울다

○

○

② 그의 노래를 듣고 있으면 왠지 눈물이 뚝뚝 흘러내려요.

힌트 聴く = 듣다 / 涙 = 눈물 / ぽろぽろと = 뚝뚝 / こぼれる = 흘러내리다

○

○

응용 분상 모범 답안

① 愛猫が虹の橋を渡った日、母の胸の中でわんわん泣いた。
② 彼の歌を聴いているとなぜか涙がぽろぽろとこぼれます。

DAY 034

___월___일

MP3_034

ぐずぐずしてると
間(ま)に合(あ)わないからね！

꾸물거리다가
늦는다!

문장 파헤치기

'게으른 모양새'를 나타내는 오노마토페

- **ぐずぐず** = 하기 싫어서 미적거리거나 행동이 굼뜬 모양새, 우물쭈물, 꾸물꾸물
- **だらだら** = 부지런하지 않고 힘이 빠져 있는 모양새, 빈둥빈둥
- **もたもた** = 사람의 행동이나 일의 진행이 느린 모양새, 느릿느릿, 꾸물꾸물

ぐずぐずする = 꾸물꾸물하다 → 꾸물거리다

ぐずぐずして(い)ると = 꾸물거리(고 있으)면

間(ま)に合(あ)う = 시간에 맞추다

間(ま)に合(あ)わない = 시간에 맞추지 못하다 → 늦다

〜からね = ~이니까 말이다[말이야]

ぐずぐずしてると　｜　間(ま)に合(あ)わないからね！
꾸물거리다간　　　　　　늦는다!

문장 3번 따라 쓰기

o

o

o

응용 문장 2번씩 쓰기

① 비 오는 날은 집에서 과자나 먹으면서 빈둥빈둥 보내고 싶다.

힌트 お菓子 = 과자 / 食べながら = 먹으면서 / 過ごす = (시간을) 보내다

o

o

② 항상 전철이나 버스를 타고 내릴 때 꾸물거리게 돼요.

힌트 電車やバス = 전철이나 버스 / 乗り降り = 승하차 / もたもたする = 꾸물거리다

o

o

응용 문장 모범 답안

① 雨の日は家でお菓子でも食べながらだらだら過ごしたい。

② いつも電車やバスの乗り降りでもたもたしてしまいます。

DAY 035

____월____일

MP3_035

朝から頭<small>あたま</small>がずきずきして、仕事<small>しごと</small>が手<small>て</small>につきません。

아침부터 머리가 욱신거려서

일이 손에 안 잡혀요.

문장 파헤치기

'아픈 모양새'를 나타내는 오노마토페

- **ずきずき** = 상처가 쑤시면서 아픈 모양새, 욱신욱신, 지끈지끈
- **ひりひり** = 피부나 점막 등에 저리는 듯한 통증을 느끼는 모양새, 매운 맛으로 혀가 얼얼한 모양새, 따끔따끔
- **ちくちく** = 바늘 같이 뾰족한 것으로 계속 찌르는 모양새, 콕콕, 따끔따끔

朝から = 아침부터 / **頭** = 머리 / **ずきずきする** = 욱신거리다 / **仕事** = 일
手につかない = 다른 데 정신이 팔려 집중이 되지 않다 (주로 부정형으로 씀.)

朝から	頭が	ずきずきして、
아침부터	머리가	욱신거려서
仕事が	手につきません。	
일이	손에 안 잡혀요.	

문장 3번 따라 쓰기

○

○

○

응용 문장 2번씩 쓰기

① 햇볕에 타서 피부가 화끈거려.

힌트 日焼(ひや)けする = 햇볕에 살이 타다 / 肌(はだ) = 피부 / ひりひりする = 화끈거리다

○

○

② 스웨터 목 뒤쪽의 라벨이 따끔거리고 가려워요.

힌트 セーター = 스웨터 / タグ = 라벨 / ちくちくする = 따끔거리다 / かゆい = 가렵다

○

○

응용 문장 모범 답안

① 日焼(ひや)けして、肌(はだ)がひりひりする (よ)。

② セーターの首(くび)の後(うし)ろのタグがちくちくしてかゆいです。

DAY 036

____월____일

MP3_036

店内に飲食物を持ち込まないでください。

매장 안으로 음식물을
가지고 들어오지 말아 주세요.

문장 파헤치기

복합동사 : 두 개 이상의 동사가 결합하여 만들어진 새로운 의미의 동사.
　　　　　보통 '일반동사+보조동사'의 형태로 만들어짐.

'込む'가 쓰이는 복합동사

- **持ち込む** = (물건을) 반입하다, 의논거리나 용건 등을 가지고 오다
- **書き込む** = (문장의 행간이나 여백에) 글을 써넣다, 기입하다, 글을 올리다
- **冷え込む** = 갑자기 기온이 내려가다, 추위가 몸속까지 스며들다, 관계가 악화되다

店内 = 가게 안, 매장 안 / **飲食物** = 음식물
持ち込まないでください = 반입하지[가지고 들어오지] 말아 주세요

店内に	飲食物を	持ち込まないでください。
매장 안으로	음식물을	가지고 들어오지 말아 주세요.

문장 3번 따라 쓰기

○

○

○

응용 문장 2번씩 쓰기

① 인터넷에 비방 글을 올리는 건 그만둡시다.

힌트 ネット = 인터넷 / 誹謗中傷(ひぼうちゅうしょう) = 비방, 악성 댓글 / やめる = 그만두다

○

○

② 아침저녁으로 꽤 쌀쌀해져서 이불에서 나가는 게 힘들다.

힌트 朝晩(あさばん) = 아침저녁(으로) / だいぶ = 꽤 / 布団(ふとん) = 이불 / 辛い(つらい) = 힘들다, 괴롭다

○

○

응용 문장 모범 답안

① ネットに誹謗中傷(ひぼうちゅうしょう)を書(か)き込(こ)むのはやめましょう。
② 朝晩(あさばん)だいぶ冷(ひ)え込(こ)んできて布団(ふとん)から出(で)るのが辛(つら)い。

DAY 037

____월____일

ウチの冷凍庫にはいつも食べかけのアイスクリームが入ってる。

우리 집 냉동실에는 항상 먹다 만 아이스크림이 들어있다.

문장 파헤치기

'かける'가 쓰이는 복합동사

- **食べかける** = 먹기 시작하다, 먹다 말다
- **見かける** = (찾으려는 의도나 목적 없이 우연히) 보다, 눈에 띄다
- **死にかける** = 다 죽어가다, 거의 죽을 뻔하다

ウチ = 본인이 속한 곳, 우리 / **冷凍庫** = 냉동고, 냉동실
食べかけの○○ = 먹다 만 ○○ / **アイスクリーム** = 아이스크림
入って(い)る = 들어가 있다

ウチの冷凍庫には	いつも
우리 집 냉동실에는	항상
食べかけのアイスクリームが	**入ってる。**
먹다 만 아이스크림이	들어있다.

문장 3번 따라 쓰기

○

○

○

응용 문장 2번씩 쓰기

① 역 앞에서 우연히 친구를 봤지만, 말을 걸지는 않았다.

힌트 駅前(えきまえ)で = 역 앞에서 / 偶然(ぐうぜん) = 우연히 / 声(こえ)をかける = 말을 걸다

○

○

② 바다에 빠져 죽을 뻔한 적이 있어요.

힌트 海(うみ) = 바다 / 溺(おぼ)れる = 물에 빠지다

○

○

응용 문장 모범 답안

① 駅前(えきまえ)で偶然(ぐうぜん)友達(ともだち)を見(み)かけたが、声(こえ)はかけなかった。

② 海(うみ)で溺(おぼ)れて死(し)にかけたことがあります。

DAY 038

____월____일

そういえば言い忘れてたけど昨日はありがとう。

그러고 보니 말하는 걸 깜빡했는데
어제는 고마웠어.

문장 파헤치기

'忘れる'가 쓰이는 복합동사

- 言い忘れる = 말할 타이밍을 놓치다, 말하는 것을 잊다[깜빡하다]
- 飲み忘れる = 마시는 타이밍을 놓치다, 마시는 것을 잊다[깜빡하다]
- 出し忘れる = 내야 할 것을 깜빡하다, 제출하는 것을 잊다[깜빡하다]

そういえば = 그러고 보니
言い忘れて(い)た = 말하는 걸 깜빡했었다[까먹고 있었다]
〜けど = ~인데 / 昨日 = 어제 / ありがとう = 고마워, 고마웠어

そういえば	言い忘れてたけど
그러고 보니	말하는 걸 깜빡했는데
昨日は	ありがとう。
어제는	고마웠어.

문장 3번 따라 쓰기

o

o

o

응용 문장 2번씩 쓰기

① 약을 깜빡하고 안 먹었으면 다음에 2회 분량을 먹어도 되는 걸까.

힌트 薬(くすり) = 약 / 次(つぎ)に = 다음에 / 2回分(にかいぶん) = 2회 분량 / ~のかな = ~인 걸까

o

o

② 쓰레기 버리는 날이었는데 깜빡하고 내놓지 못했어요.

힌트 ゴミの日(ひ) = 쓰레기 버리는 날 / ~てしまう = ~해 버리다

o

o

응용 문장 모범 답안

① 薬(くすり)を飲(の)み忘(わす)れたら次(つぎ)に2回分(にかいぶん)飲(の)んでもいいのかな。

② ゴミの日(ひ)だったのに出(だ)し忘(わす)れてしまいました。

DAY 039

___월___일

次男（じなん）は僕（ぼく）の顔（かお）を見（み）るだけで笑（わら）い出（だ）します。

둘째 아들은 제 얼굴을 보기만 해도 웃음을 터뜨려요.

문장 파헤치기

'出（だ）す'가 쓰이는 복합동사

- 笑（わら）い出（だ）す = 웃기 시작하다, 웃음을 터뜨리다
- 思（おも）い出（だ）す = 떠올리다, 기억해내다, 생각하기 시작하다
- 生（う）み出（だ）す = 새롭게 만들어내다, 창출해내다

次男（じなん） = 차남, 둘째 아들 / 僕（ぼく） = 나 (주로 남성이 사용하는 1인칭 대명사)

顔（かお） = 얼굴 / 見（み）る = 보다

〜だけで = ~하기만 해도 → 見（み）るだけで = 보기만 해도

笑（わら）い出（だ）します = 웃음을 터뜨려요, 웃기 시작합니다

次男（じなん）は	僕（ぼく）の顔（かお）を	見（み）るだけで	笑（わら）い出（だ）します。
둘째 아들은	제 얼굴을	보기만 해도	웃음을 터뜨려요.

문장 3번 따라 쓰기

◦

◦

◦

응용 문장 2번씩 쓰기

① 학창 시절 생각이 나서 조금 그리워졌다.

힌트 学生時代(がくせいじだい)のこと = 학창 시절(의 일) / 少(すこ)し = 조금 / 懐(なつ)かしい = 그립다

◦

◦

② 생활에 도움이 되는 혁신적인 기술을 창출해내고 싶다.

힌트 生活(せいかつ) = 생활 / 役立(やくだ)つ = 도움이 되다 / 革新的(かくしんてき)な技術(ぎじゅつ) = 혁신적인 기술

◦

◦

응용 문장 모범 답안

① 学生時代(がくせいじだい)のことを思(おも)い出(だ)して少(すこ)し懐(なつ)かしくなった。

② 生活(せいかつ)に役立(やくだ)つ革新的(かくしんてき)な技術(ぎじゅつ)を生(う)み出(だ)したい。

DAY 040

____월 ____일

MP3_040

化粧水を使い切るまで どれくらいかかりますか。
けしょうすい　つか　き

스킨을 다 쓰는 데
얼마나 걸려요?

문장 파헤치기

'切る(き)'가 쓰이는 복합동사

- **使い切る(つか き)** = 있는 것을 전부 쓰다, 다 써 버리다
- **疲れ切る(つか き)** = 완전히 지치다, 지쳐서 힘이 없다
- **諦め切る(あきら き)** = 완전히 포기하다, 완벽히 단념하다

化粧水(けしょうすい) = 스킨, 토너

〜まで = ~까지 → **使い切るまで(つか き)** = 다 쓸 때까지, 다 쓰는데

どれくらい = 어느정도, 얼마나 / **かかる** = (시간이) 걸리다, (돈이) 들다

化粧水を(けしょうすい)	使い切るまで(つか き)
스킨을	다 쓰는 데
どれくらい	かかりますか。
얼마나	걸려요?

문장 3번 따라 쓰기

○

○

○

응용 문장 2번씩 쓰기

① 오랜 시간 일해서 완전히 지쳐 버렸다.

힌트 長時間(ちょうじかん) = 오랜 시간, 장시간 / 仕事(しごと) = 일

○

○

② 어린 시절부터의 꿈이 도저히 포기가 안 돼요(= 포기할 수 없어요).

힌트 幼い頃(おさなころ) = 어린 시절 / 夢(ゆめ) = 꿈 / どうしても = 도저히

○

○

응용 문장 모범 답안

① 長時間(ちょうじかん)の仕事(しごと)で疲(つか)れ切(き)ってしまった。

② 幼(おさな)い頃(ころ)からの夢(ゆめ)がどうしても諦(あきら)め切(き)れないです。

매일 1장

일본어 쓰기 습관 100일의 기적

私は日本語の勉強をする

CHAPTER 05
존경어, 겸양어

041 お連れの方はいらっしゃいますか。

042 最終回、ご覧になりましたか。

043 普段パンツとスカートどちらもお召しになりますか。

044 毎年、初詣に行かれますか。

045 日差しが強いのでお出かけになる際は気をつけてください。

046 近日中にご挨拶に伺います。

047 搭乗券を拝見してもよろしいでしょうか。

048 ぜひお目にかかりたいです。

049 体調が悪いので今日は休ませていただきます。

050 お席までご案内します。

準備ができました

DAY 041

____월 ____일

お連(つ)れの方(かた)は
いらっしゃいますか。

일행분은
계시나요?

문장 파헤치기

존경어 : 상대방이나 대화 속 인물의 동작/상태 등을 우대해 높여서 말하는 표현.
　　*일반 존경어 – 동사에 존경의 의미를 덧붙여 말하는 일반적인 존경어.
　　*특별 존경어 – 만드는 규칙이 없어 통째로 암기해야 하는 동사들로 된 존경어.
　　　(여기서는 규칙을 따르는 일반 존경어의 변칙동사도 포함시킴.)

[특별 존경어]

- いる(있다) → いらっしゃる・おいでになる(계시다)
- ～ている(~하고 있다) → ～ていらっしゃる(~하고 계시다)
- 行(い)く(가다) → いらっしゃる・おいでになる(가시다)
- 来(く)る(오다) → いらっしゃる・おいでににになる・お見(み)えになる
　　・お越(こ)しになる(오시다)

　　　　　お連(つ)れの方(かた)は　｜　いらっしゃいますか。
　　　　　　일행분은　　　　　　　　계시나요?

문장 3번 따라 쓰기

○

○

○

응용 문장 2번씩 쓰기

① 오늘은 어디로 가시나요?

힌트 今日(きょう) = 오늘 / どちらへ = 어디로 / おいでになる = 가시다

○

○

② 멀리서 손님이 오셨습니다.

힌트 遠方(えんぽう) = 먼 곳 / お客様(きゃくさま) = 손님, 고객님 / お見(み)えになる = 오시다

○

○

응용 문장 모범 답안

① 今日(きょう)はどちらへおいでになりますか。
② 遠方(えんぽう)からお客様(きゃくさま)がお見(み)えになりました。

DAY 042 ___월___일

MP3_042

最終回、ご覧になりましたか。

마지막 회

보셨어요?

문장 파헤치기

[특별 존경어]

- 言う(말하다) → **おっしゃる**(말씀하시다)
- 食べる(먹다)・飲む(마시다) → **召し上がる**(드시다)
- 見る(보다) → **ご覧になる**(보시다)

最終回 = 마지막 회
ご覧になる = 보시다 → ご覧になりましたか = 보셨어요?

最終回、　　ご覧になりましたか。
마지막 회　　보셨어요?

문장 3번 따라 쓰기

○

○

○

응용 문장 2번씩 쓰기

① 이시하라 님 말씀이 맞아요.

힌트 石原様(いしはらさま) = 이시하라 님 / おっしゃる = 말씀하시다 / ~通(とお)り = ~한대로

○

○

② 괜찮으시면 다 같이 드세요.

힌트 よろしければ = 괜찮으시면 / 皆(みな)さんで = 다 같이 / 召(め)し上(あ)がる = 드시다

○

○

응용 문장 모범 답안

① 石原様(いしはらさま)のおっしゃる通(とお)りです。

② よろしければ皆(みな)さんで召(め)し上(あ)がってください。

DAY 043

___월___일

普段(ふだん)パンツとスカート どちらもお召(め)しになりますか。

평소에 바지랑 치마
둘 다 입으세요?

문장 파헤치기

[특별 존경어]

- 着(き)る(입다) → **お召(め)しになる**(입으시다)
- 知(し)る(알다) → **ご存知(ぞんじ)だ**(아시다)
- くれる(주다) → **くださる**(주시다)
- 〜てくれる(~해 주다) → **〜てくださる**(~해 주시다)

普段(ふだん) = 평소(에) / パンツ = 바지 / スカート = 치마 / どちらも = 둘 다
お召(め)しになる = 입으시다 → お召(め)しになりますか = 입으세요[시나요]?

普段(ふだん)	パンツとスカート
평소	바지랑 치마
どちらも	お召(め)しになりますか。
둘 다	입으세요?

문장 3번 따라 쓰기

○

○

○

응용 문장 2번씩 쓰기

① '오모테나시'의 의미를 아시나요?

힌트 おもてなし = 진심 어린 대접, 환대 / 意味(いみ) = 의미 / ご存知(ぞんじ)だ = 아시다

○

○

② 많이 알려 주셔서 감사합니다.

힌트 教(おし)えてくださる = 알려 주시다 / ありがとうございます = 감사합니다

○

○

응용 문장 모범 답안

① 「おもてなし」の意味(いみ)をご存知(ぞんじ)ですか。

② たくさん教(おし)えてくださってありがとうございます。

DAY 044

_____월_____일

まいとし
毎年、
はつもうで   い
初詣に行かれますか。

해마다

새해 첫 참배를 가시나요?

문장 파헤치기

[일반 존경어] '일반 존경어'는 '수동형'과 활용 방식이 같음.

～(ら)れる = ~하시다

- 行く(가다) → 行かれる(가시다)
- 見る(보다) → 見られる(보시다)
- 来る(오다) → 来られる(오시다)
- 死ぬ(죽다) → 亡くなられる(돌아가시다) **死なれる(X)'가 아님에 주의!**

毎年 = 매년, 해마다 / 初詣 = 새해에 신사나 절을 찾아 기도를 드리는 것

行かれる = 가시다 → 行かれますか = 가세요[시나요]?

まいとし	はつもうで	い
毎年、	初詣に	行かれますか。
해마다	새해 첫 참배를	가시나요?

문장 3번 따라 쓰기

○

○

○

응용 문장 2번씩 쓰기

① 처음 사용하시는 분도 쉽게 조작할 수 있습니다.

> 힌트 初(はじ)めて = 처음 / 使(つか)われる方(かた) = 사용하시는 분 / 簡単(かんたん)に = 쉽게 / 操作(そうさ)する = 조작하다

○

○

② 지금 어떤 일 하고 계세요?

> 힌트 今(いま) = 지금 / どんな = 어떤 / お仕事(しごと)(を)される = 일(을) 하시다

○

○

응용 문장 모범 답안

① 初(はじ)めて使(つか)われる方(かた)でも簡単(かんたん)に操作(そうさ)できます。

② 今(いま)、どんなお仕事(しごと)されて(い)ますか。

DAY 045

___월___일

日差しが強いのでお出かけ
になる際は気をつけてください。

햇살이 강하니 외출하실 때
조심하세요.

문장 파헤치기

お/ご+동사의 **ます형**·**する**를 붙일 수 있는 동작성 명사 + **になる** = ~하시다

- 出かける(외출하다) → **お出かけになる**(외출하시다)
- 参加する(참가하다) → **ご参加になる**(참가하시다)

(ご)+**する**를 붙일 수 있는 동작성 명사 + **なさる** = ~하시다

- 利用する(이용하다) → **利用なさる**·**ご利用なさる**(이용하시다)

(*ご를 붙이면 안 되는 경우도 있음. 運転する(운전하다) → 運転なさる(운전하시다))

日差し = 햇살 / 強い = 강하다 / 際 = 때 / 気をつける = 조심하다

日差しが	強いので
햇살이	강하니
お出かけになる際は	気をつけてください。
외출하실 때	조심하세요.

문장 3번 따라 쓰기

o

o

o

응용 문장 2번씩 쓰기

① 가족분들과 숙박하신다고 해요.

힌트 ご家族 = 가족(분들) / お泊まりになる = 숙박하시다

o

o

② 유모차를 이용하시겠어요?

힌트 ベビーカー = 유모차 / ご利用なさる = 이용하시다 (*なさる의 ます형은 なさいます)

o

o

응용 문장 모범 답안

① ご家族とお泊まりになるそうです。

② ベビーカーをご利用なさいますか。

DAY 046

_____월 _____일

近日中(きんじつちゅう)にご挨拶(あいさつ)に伺(うかが)います。

조만간 인사드리러 찾아 뵙겠습니다.

문장 파헤치기

겸양어 : 화자가 본인 또는 본인 측근이라 판단되는 사람의 동작/상태를 낮춰 말하는 표현.
　　　*일반 겸양어 – 동사에 겸양의 의미를 덧붙여 말하는 일반적인 겸양어.
　　　*특별 겸양어 – 만드는 규칙이 없어 통째로 암기해야 하는 동사들로 된 겸양어.

[특별 겸양어]

- **いる**(있다) → **おる**(있다)
- **〜ている**(~하고 있다, ~한 상태다) → **〜ておる**(~하고 있다, ~한 상태다)
- **行(い)く**(가다) → **参(まい)る**(가다)・**伺(うかが)う**(찾아 뵙다)
- **来(く)る**(오다) → **参(まい)る・伺(うかが)う**(오다)

近日中(きんじつちゅう) = 가까운 시일내에, 조만간 / ご挨拶(あいさつ) = 인사의 높임말
伺(うかが)う = 찾아 뵙다 → 伺(うかが)います = 찾아 뵙겠습니다

近日中(きんじつちゅう)に	ご挨拶(あいさつ)に	伺(うかが)います。
조만간	인사드리러	찾아 뵙겠습니다.

문장 3번 따라 쓰기

o

o

o

응용 문장 2번씩 쓰기

① 다른 날은 비어 있어요.

힌트 他(ほか)の日(ひ) = 다른 날 / 空(あ)いておる = (자리, 시간이) 비어 있다

o

o

② 처음 뵙겠습니다. 한국에서 왔습니다.

힌트 はじめまして = 처음 뵙겠습니다 / 韓国(かんこく) = 한국 / 参(まい)る = 오다

o

o

응용 문장 모범 답안

① 他(ほか)の日(ひ)は空(あ)いております。

② はじめまして。韓国(かんこく)から参(まい)りました。

DAY 047 ___월 ___일

とうじょうけん
搭乗券を
はいけん
拝見してもよろしいでしょうか。

탑승권을
봐도 되겠습니까?

문장 파헤치기

[특별 겸양어]

- 見る(보다) → 拝見する(보다)
- 言う(말하다) → 申す(말하다)・申し上げる(말씀 드리다)
- 聞く(듣다/묻다) → 伺う(듣다/여쭙다)
- 食べる(먹다)・飲む(마시다) → いただく(먹다/마시다)

搭乗券 = 탑승권

てもよろしいでしょうか(=てもいいですか) = '~해도 될까요?'의 정중한 표현
拝見する = 보다 → 拝見してもよろしいでしょうか = 봐도 되겠습니까?

| 搭乗券を | 拝見してもよろしいでしょうか。 |
| 탑승권을 | 봐도 되겠습니까? |

문장 3번 따라 쓰기

○

○

○

응용 문장 2번씩 쓰기

① 저는 크리스탈이라고 합니다.

힌트 私(わたくし) = 저 / クリスタル = 크리스탈 / 申(もう)す = 말하다

○

○

② 여름철 복날에 장어를 먹었습니다.

힌트 土用(どよう)の丑(うし)の日(ひ) = (일본의) 여름철 복날 / うなぎ = 장어 / いただく = 먹다

○

○

응용 문장 모범 답안

① 私(わたくし)はクリスタルと申(もう)します。

② 土用(どよう)の丑(うし)の日(ひ)にうなぎをいただきました。

DAY 048

___월___일

ぜひ
お目(め)にかかりたいです。

꼭
만나 뵙고 싶습니다.

문장 파헤치기

[특별 겸양어]

- 会(あ)う(만나다) → お目(め)にかかる(만나 뵙다)
- 知(し)る(알다) → 存(ぞん)じる・存(ぞん)じ上(あ)げる(알다)
- もらう(받다) → いただく・頂戴(ちょうだい)する(받다)
- 〜てもらう(~해 받다) → 〜ていただく(~해 받다)
- (〜て)あげる((~해) 주다) → (〜て)差(さ)し上(あ)げる((~해) 드리다)

(*단, '〜て差(さ)し上(あ)げる'는 생색을 내는 듯한 느낌을 주어 잘 사용하지 않음.)

お目(め)にかかる = 만나 뵙다 → お目(め)にかか<u>りたい</u> = 만나 뵙고 싶다

ぜひ | お目(め)にかかりたいです。
꼭　　　만나 뵙고 싶습니다.

문장 3번 따라 쓰기

○

○

○

응용 문장 2번씩 쓰기

① 자세한 내용까지는 알지 못합니다.

힌트 詳細(しょうさい) = 자세한 내용, 디테일 / 存(ぞん)じる = 알다

○

○

② 배송까지 2주 정도 시간이 걸립니다(= 시간을 받겠습니다).

힌트 お届(とど)け = '배달, 배송'의 높임말 / お時間(じかん) = '시간'의 높임말 / 頂戴(ちょうだい)する = 받다

○

○

응용 문장 모범 답안

① 詳細(しょうさい)までは存(ぞん)じません。

② お届(とど)けまで2週間(にしゅうかん)ほどお時間(じかん)を頂戴(ちょうだい)します。

DAY 049

_____월 _____일

体調が悪いので今日は休ませていただきます。
(たいちょうがわるいので きょうはやすませていただきます。)

몸이 안 좋아서
오늘은 쉬겠습니다.

문장 파헤치기

[일반 겸양어]

사역형 + ていただく = ~하다, ~해 드리다

(단, 일상에서 남용되는 경우가 많아 상대방이나 제3자의 허락을 구하여 본인이 혜택을 받는 상황에서 사용할 것을 권장함.)

- 休む(쉬다) → 休ませていただく(쉬다)
- 出る(나가다) → 出させていただく(나가다)
- する(하다) → させていただく(하다)

体調が悪い = 컨디션이 나쁘다, 몸이 안 좋다
休ませていただく = 쉬다
→ 休ませていただきます = (허락해 주신다면) 쉬겠습니다

体調が	悪いので	今日は	休ませていただきます。
몸이	안 좋아서	오늘은	쉬겠습니다.

문장 3번 따라 쓰기

○

○

○

응용 문장 2번씩 쓰기

① 일본 미디어에서 기사를 쓰고 있습니다.

힌트 日本のメディア = 일본 미디어 / 記事 = 기사 / 書かせていただく = 쓰다

○

○

② 일정을 변경하겠습니다.

힌트 予定 = 일정 / 変更させていただく = 변경하다

○

○

응용 문장 모범 답안

① 日本のメディアで記事を書かせていただいています。
② 予定を変更させていただきます。

DAY 050

____월 ____일

MP3_050

お<ruby>席<rt>せき</rt></ruby>までご<ruby>案内<rt>あんない</rt></ruby>します。

자리까지 안내해 드리겠습니다.

문장 파헤치기

お/ご + 동사의 **ます**형·**する**를 붙일 수 있는 동작성 명사 + **する** = ~해 드리다

- <ruby>伝<rt>つた</rt></ruby>える(전달하다) → お<ruby>伝<rt>つた</rt></ruby>えする(전달해 드리다)
- <ruby>案内<rt>あんない</rt></ruby>する(안내하다) → ご<ruby>案内<rt>あんない</rt></ruby>する(안내해 드리다)

お/ご + 동사의 **ます**형·**する**를 붙일 수 있는 동작성 명사 + **いたす** = ~해 드리다

する를 붙일 수 있는 동작성 명사 + **いたす** = ~해 드리다

- <ruby>持<rt>も</rt></ruby>つ(들다) → お<ruby>持<rt>も</rt></ruby>ちいたす(들어 드리다)
- <ruby>説明<rt>せつめい</rt></ruby>する(설명하다) → ご<ruby>説明<rt>せつめい</rt></ruby>いたす・<ruby>説明<rt>せつめい</rt></ruby>いたす(설명해 드리다)

お<ruby>席<rt>せき</rt></ruby> = '자리'의 높임말 / 〜まで = ~까지
ご<ruby>案内<rt>あんない</rt></ruby>する = 안내해 드리다 → ご<ruby>案内<rt>あんない</rt></ruby>します = 안내해 드리겠습니다

お<ruby>席<rt>せき</rt></ruby>まで | ご<ruby>案内<rt>あんない</rt></ruby>します。

자리까지 | 안내해 드리겠습니다.

문장 3번 따라 쓰기

○

○

○

응용 문장 2번씩 쓰기

① 짐을 들어드릴까요?

힌트 お荷物 = '짐'의 높임말 / お持ちいたす = 들어드리다

○

○

② 장소가 정해지는 대로 연락 드리겠습니다.

힌트 場所 = 장소 / 決まり次第 = 정해지는 대로 / 連絡いたす = 연락 드리다

○

○

응용 문장 모범 답안

① お荷物をお持ちいたしましょうか。
② 場所が決まり次第、連絡いたします。

매일 1장
일본어 쓰기 습관 100일의 기적

私は日本語の勉強をする

CHAPTER 06
자주 쓰는 어구

051 言われてみればそれも一理ありますね。

052 スポーツ得意じゃないけど、強いて言うならゴルフかな。

053 何が何でも合格するぞ！

054 これを機に日頃から体を動かしましょう。

055 いざという時のために防災グッズを備えています。

056 サンリオのキャラクターはどれも可愛いと思う。
　　　ちなみに私のお気に入りはキティーちゃんだよ。

057 下手したら船に乗り遅れるかもしれない。

058 彼が行きそうな場所を手当たり次第探してみましょう。

059 見ての通り忙しくて手が離せません。

060 恐れ入りますが、少々お待ちいただけますか。

準備ができました

DAY 051

____월____일

言(い)われてみれば
それも一理(いちり)ありますね。

듣고 보니
그것도 일리가 있네요.

문장 파헤치기

[자주 쓰는 어구 - 1]

상대방의 말에 동의하거나 공감할 때 쓰는 표현들.

- 言(い)われてみれば = 듣고 보니(까)

- そういえば = 그러고 보니, 생각해 보니 (화제를 전환할 때에도 사용.)

- 確(たし)かに = 하긴, 그렇기는 해 (일종의 리액션으로 단독으로 쓰이기도 함.)

それも = 그것도
一理(いちり)ある = 일리(가) 있다

言(い)われてみれば	それも	一理(いちり)ありますね。
듣고 보니	그것도	일리가 있네요.

문장 3번 따라 쓰기

○

○

○

응용 문장 2번씩 쓰기

① 그러고 보니 마츠시게 씨 요새 안 보이네.

힌트 松重さん = 마츠시게 씨 / 最近 = 요새, 요즘 / 見かける = 눈에 띄다, 우연히 보다

○

○

② 하긴 아무리 맛있어도 매일 먹으면 질리죠.

힌트 いくら~ても = 아무리 ~해도 / 毎日 = 매일 / 飽きる = 질리다

○

○

응용 문장 모범 답안

① そういえば松重さん最近見かけないね。
② 確かにいくらおいしくても毎日食べたら飽きますよね。

DAY 052

_____월 _____일

MP3_052

スポーツ得意じゃないけど、強いて言うならゴルフかな。

운동 잘하는 편은 아닌데
굳이 말하자면 골프인 것 같아.

문장 파헤치기

[자주 쓰는 어구 - 2]

비슷한 정도의 선택지들 중 한 가지를 고를 때 쓰는 표현들.

- **強いて言うなら** = 굳이 말하자면, 억지로 말하자면
- **あえて言うなら** = 굳이 말하자면, 콕 집어 말하자면
- **どちらかと言えば** = 굳이 말하자면, 어느 쪽이냐 하면 (선택지가 2개인 경우)

スポーツ = 운동, 스포츠 / **得意だ** = 잘하다, 자신 있어 하다 / **ゴルフ** = 골프
〜かな = ~이려나, ~일까? (문장 끝에 붙이면 '망설임, 추측, 애매한 심정'을 나타냄.)

スポーツ	得意じゃないけど、
운동	잘하는 편은 아닌데
強いて言うなら	ゴルフかな。
굳이 말하자면	골프인 것 같아.

문장 3번 따라 쓰기

○

○

○

응용 문장 2번씩 쓰기

① 굳이 말하자면 좀 더 저렴했으면 좋겠어요.

힌트 もう少(すこ)し = 좀 더 / 安(やす)い = 저렴하다 / ~て欲(ほ)しい = ~해줬으면 좋겠다

○

○

② 굳이 말하자면 집순이(집돌이)라 집에서 여유롭게 지내는 경우가 많아요.

힌트 インドア派(は) = 집에서 지내는 것을 즐기는 사람 / ゆったり過(す)ごす = 여유롭게 지내다

○

○

응용 문장 모범 답안

① あえて言(い)うならもう少(すこ)し安(やす)くして欲(ほ)しいです。

② どちらかと言(い)えばインドア派(は)なので家(いえ)でゆったり過(す)ごすことが多(おお)いです。

DAY 053   ____월 ____일

何が何でも合格するぞ！
なに なん ごうかく

무슨 일이 있어도 합격할 거야!

문장 파헤치기

[자주 쓰는 어구 - 3]

목표 달성을 위한 강한 의지를 나타낼 때 쓰는 표현들.

- **何が何でも** = 무슨 일이 있어도, 뭐가 됐든
- **何としても** = 어떻게든, 반드시
- **どんな手を使っても** = 무슨 수를 써서라도

〜ぞ = 본인의 결의를 다질 때 쓰는 종조사
合格する = 합격하다 → **合格するぞ** = 합격할거야, 합격하겠어

何が何でも | 合格するぞ！
무슨 일이 있어도　합격할 거야!

문장 3번 따라 쓰기

○

○

○

응용 문장 2번씩 쓰기

① 어떻게든 오늘 안에 끝내고 싶어요.

힌트 今日中(きょうじゅう)に = 오늘 안에 / 終(お)わらせる = 끝내다

○

○

② 무슨 수를 써서라도 결과를 내는 게 중요하다고 생각해.

힌트 結果(けっか)を出(だ)す = 결과를 내다 / 大事(だいじ)だ = 중요하다

○

○

응용 문장 모범 답안

① 何(なん)としても今日中(きょうじゅう)に終(お)わらせたいです。

② どんな手(て)を使(つか)っても結果(けっか)を出(だ)すことが大事(だいじ)だと思(おも)う。

DAY 054

____월____일

これを機(き)に
日頃(ひごろ)から体(からだ)を動(うご)かしましょう。

이 기회에

평소에도 몸을 움직입시다.

문장 파헤치기

[자주 쓰는 어구 – 4]
어떠한 상황이나 사건을 '기회/계기'로 삼는다고 말할 때 쓰는 표현들.
(보통 대화를 하는 과정에서 나오는 말임.)

- **これを機(き)に** = 이것을 계기로, 이 기회에

- **この際(さい)** = 이 기회에, 이참에

- **〜をきっかけに** = ~을 계기로

日頃(ひごろ)から = 평소부터, 평소에도
体(からだ) = 몸 / 動(うご)かす = 움직이(게 하)다 / 〜ましょう = ~합시다

これを機(き)に	日頃(ひごろ)から	体(からだ)を	動(うご)かしましょう。
이 기회에	평소에도	몸을	움직입시다.

문장 3번 따라 쓰기

○

○

○

응용 문장 2번씩 쓰기

① 지금 헤어스타일에 질리기 시작해서 이참에 싹둑 자르기로 했다.

> 힌트 髪型(かみがた) = 헤어스타일 / 飽(あ)きてくる = 질리기 시작하다 / バッサリ切(き)る = 싹둑 자르다

○

○

② 한국 드라마를 계기로 한국어 공부를 시작했다고 합니다.

> 힌트 韓国(かんこく)ドラマ = 한국 드라마 / 勉強(べんきょう) = 공부 / 始(はじ)める = 시작하다

○

○

응용 문장 모범 답안

① 今(いま)の髪型(かみがた)に飽(あ)きてきたので、この際(さい)バッサリ切(き)ることにした。
② 韓国(かんこく)ドラマをきっかけに韓国語(かんこくご)の勉強(べんきょう)を始(はじ)めたそうです。

DAY 055

____월 ____일

いざという時のために
防災グッズを備えています。

만일의 경우에 대비해서
방재 용품을 갖춰 놓고 있어요.

문장 파헤치기

[자주 쓰는 어구 – 5]

유사시를 대비한다고 말할 때 쓰는 표현들.

- **いざという時のために** = 만일의 경우를 대비해, 비상시를 위해

- **もしものために** = 만일을 위해, 혹시 모르니

- **念のため** = 만일을 위해, 혹시나 해서

防災グッズ = 방재 용품
備える = 갖추다 → 備えている = 갖춘 상태다

いざという時のために ｜
만일의 경우에 대비해

防災グッズを ｜ 備えています。
방재 용품을　　갖춰 놓고 있어요.

문장 3번 따라 쓰기

○

○

○

응용 문장 2번씩 쓰기

① 만일을 위해 데이터 백업을 해 두었습니다.

힌트 データのバックアップ = 데이터 백업 / 取っておく = (백업을) 해 두다

○

○

② 혹시나 해서 다시 한 번 확인할게요.

힌트 もう一度 = 다시 한 번 / 確認する = 확인하다

○

○

응용 문장 모범 답안

① もしものためにデータのバックアップを取っておきました。

② 念のため、もう一度確認します。

DAY 056

____월____일

サンリオのキャラクターはどれも可愛(かわい)いと思(おも)う。
ちなみに私(わたし)のお気(き)に入(い)りはキティーちゃんだよ。

산리오 캐릭터는 다 귀여운 것 같아.

참고로 내가 제일 좋아하는 건 키티짱이야.

문장 파헤치기

[자주 쓰는 어구 - 6]

앞의 내용을 보충하거나 추가적인 정보를 덧붙일 때 쓰는 표현들.

- **ちなみに** = 덧붙여 말하면, 참고로

- **しかも** = 게다가, 더군다나   · **おまけに** = 게다가, 그뿐만 아니라

サンリオ = 산리오 (일본의 캐릭터 사업 전문 회사) / **キャラクター** = 캐릭터
どれも = 어느 것이나 다 / **可愛(かわい)い** = 귀엽다 / **〜と思(おも)う** = ~라고 생각하다
お気(き)に入(い)り = 가장 좋아하는 것, 마음에 드는 것
キティー = 키티 / **ちゃん** = 친밀한 대상에 붙이는 접미어

サンリオのキャラクターは	どれも	可愛(かわい)いと思(おも)う。
산리오 캐릭터는	다	귀여운 거 같아.
ちなみに	私(わたし)のお気(き)に入(い)りは	キティーちゃんだよ。
참고로	내가 제일 좋아하는 건	키티짱이야.

144

문장 3번 따라 쓰기

o

o

o

응용 문장 2번씩 쓰기

① 요리는 다 맛있었어요. 게다가 가격도 합리적이었어요.

> **힌트** 料理 = 요리 / おいしい = 맛있다 / 値段 = 가격 / (お)手頃 = 가격이 알맞음

o

o

② 길을 잃은 데다가, 스마트폰 배터리도 다 되어버렸다.

> **힌트** 道に迷う = 길을 잃다 / バッテリーが切れる = 배터리가 소모되다

o

o

응용 문장 모범 답안

① 料理はどれもおいしかったです。しかも値段もお手頃でした。
② 道に迷って、おまけにスマホのバッテリーも切れてしまった。

DAY 057

____월____일

下手（へた）したら
船（ふね）に乗（の）り遅（おく）れるかもしれない。

자칫하면

배를 놓칠지도 몰라.

문장 파헤치기

[자주 쓰는 어구 - 7]

어떤 가능성이나 상황을 가정할 때 쓰는 표현들.

- **下手（へた）したら** = 잘못하면, 자칫하면

→ 주로 부정적인 결과를 암시할 때 쓰이지만
  일어날 가능성이 낮은 일을 예상할 때 쓰는 경우도 있음.

- **ひょっとして** = 혹시, 어쩌면
- **油断（ゆだん）すると** = 방심하면

船（ふね） = 배 / **〜かもしれない** = ~일지도 모른다
乗（の）り遅（おく）れる = (차, 배 등을) 놓치다, 늦어서 못 타다
→ **乗（の）り遅（おく）れるかもしれない** = 놓칠지도 모른다

| 下手（へた）したら | 船（ふね）に | 乗（の）り遅（おく）れるかもしれない。 |
| 자칫하면 | 배를 | 놓칠지도 몰라. |

문장 3번 따라 쓰기

○

○

○

응용 문장 2번씩 쓰기

① 혹시 전화번호 바뀐 건가?

힌트 電話番号(でんわばんごう) = 전화번호 / 変(か)わる = 바뀌다 / (の)かな = ~인 건가?

○

○

② 식욕이 왕성해서 방심하면 금방 살쪄요.

힌트 食欲(しょくよく)が旺盛(おうせい)だ = 식욕이 왕성하다 / すぐに = 바로 / 太(ふと)る = 살찌다

○

○

응용 문장 모범 답안

① ひょっとして電話番号(でんわばんごう)変(か)わったのかな。

② 食欲(しょくよく)が旺盛(おうせい)で、油断(ゆだん)するとすぐに太(ふと)ります。

DAY 058

____월 ____일

彼が行きそうな場所を手当たり次第探してみましょう。

그가 갈 것 같은 곳을
닥치는 대로 찾아 봅시다.

문장 파헤치기

[자주 쓰는 어구 - 8]

한 가지 대상만 선택하지 않고 모두 시도한다고 말할 때 쓰는 표현들.

- **手当たり次第** = 무작위로, 닥치는 대로
- **あれこれ** = 이것저것, 여러 가지
- **何でもかんでも** = 무엇이든 다

彼 = 그 / 行きそうだ = 갈 것 같다 / 場所 = 장소, 곳
探す = 찾다 / ～てみる = ~해 보다 / ～ましょう = ~합시다
探す(찾다) → 探してみる(찾아 보다) → 探してみましょう(찾아 봅시다)

彼が	行きそうな場所を
그가	갈 것 같은 곳을
手当たり次第	探してみましょう。
닥치는 대로	찾아 봅시다.

문장 3번 따라 쓰기

○

○

○

응용 문장 2번씩 쓰기

① 이것저것 생각하지 말고 즐기자.

힌트 考える = 생각하다 / 楽しむ = 즐기다

○

○

② 그녀는 뭐든 다 남 탓을 하고 싶어 하는 경향이 있다.

힌트 彼女 = 그녀 / 人のせい = 남(의) 탓 / ~したがる = ~하고 싶어 하다 / 傾向 = 경향

○

○

てみる

응용 문장 모범 답안

① あれこれ考えず(= 考えないで) 楽しもう。
② 彼女は何でもかんでも人のせいにしたがる傾向がある。

DAY 059

_____월 _____일

見^みての通^{とお}り
忙^{いそが}しくて手^てが離^{はな}せません。

보다시피

바빠서 손을 뗄 수가 없어요.

문장 파헤치기

[자주 쓰는 어구 - 9]
보이는 것으로 판단한다고 말할 때 쓰는 표현들.

- 見ての通り = 보는 바와 같이, 보다시피

- 見かけによらず = 겉보기와 다르게, 보기와는 달리

- 見るからに = 보기만 해도, 누가 봐도, 딱 봐도

忙しい = 바쁘다
手が離せない = 손을 뗄 수 없다, 하고 있는 일이 있어서 다른 일을 할 수 없다

| 見ての通り | 忙しくて | 手が離せません。 |
| 보다시피 | 바빠서 | 손을 뗄 수가 없어요. |

문장 3번 따라 쓰기

◦

◦

◦

응용 문장 2번씩 쓰기

① 기노시타 씨는 보기와는 달리 대식가예요.

힌트 木下さん = 기노시타 씨 / 大食い = 대식가

◦

◦

② 마라탕은 국물이 새빨개서 딱 봐도 매워 보인다.

힌트 麻辣湯 = 마라탕 / スープ = 국물 / 真っ赤だ = 새빨갛다 / 辛そうだ = 매워 보인다

◦

◦

응용 문장 모범 답안

① 木下さんは見かけによらず大食いです。
② 麻辣湯はスープが真っ赤で見るからに辛そうだ。

DAY 060

___월 ___일

恐(おそ)れ入(い)りますが、
少々(しょうしょう)お待(ま)ちいただけますか。

죄송합니다만

잠시 기다려 주실 수 있을까요?

문장 파헤치기

[자주 쓰는 어구 - 10]

예의를 갖추어 요청이나 질문, 부탁 등을 할 때 쓰는 표현들.

- **恐(おそ)れ入(い)りますが** = 죄송하지만, 송구스럽지만
- **失礼(しつれい)ですが** = 실례합니다만
- **お手数(てすう)ですが** = 번거로우시겠지만

少々(しょうしょう) = 조금, 잠시

待(ま)つ = 기다리다

→ お待(ま)ちいただく = (남이 나를) 기다려 주시다 (待(ま)ってもらう의 겸양 표현)

恐(おそ)れ入(い)りますが、	少々(しょうしょう)	お待(ま)ちいただけますか。
죄송합니다만	잠시	기다려 주실 수 있을까요?

문장 3번 따라 쓰기

○

○

○

응용 문장 2번씩 쓰기

① 실례합니다만 성함은 어떻게 읽으면 될까요?

힌트 何と = 뭐라고 / お読みする = 읽다(겸양어) / よろしいでしょうか = 될까요?

○

○

② 번거로우시겠지만 이쪽으로 연락 부탁드립니다.

힌트 こちらまで = 이쪽으로 / ご連絡 = '연락'의 높임말 / お願いする = 부탁드리다

○

○

응용 문장 모범 답안

① 失礼ですが、お名前は何とお読みすればよろしいでしょうか。

② お手数ですが、こちらまでご連絡お願いします。

매일 1장
일본어 쓰기 습관
100일의 기적

私は日本語の勉強をする

CHAPTER 07
신조어, 유행어, 속어

061 パリピの友達に誘われて初めて音楽フェスに行ってみた。

062 先に起きて、子供のオムツを替えたり、ご飯を食べさせたり、イクメンとして頑張ってます。

063 海岸から見る夕焼けはエモすぎる。

064 こんな所でグチってもしょうがないでしょ。

065 最近世界中でバズってるダンス知ってる?

066 お金持ちの家に生まれたからといって必ずしも親ガチャに成功したとは限らない。

067 先週、北海道で自然界隈してきたよ。

068 私は陽キャに憧れる陰キャです。

069 彼女の靴下に穴が空いてるのを見て蛙化した。

070 電話越しの声がイケボすぎてたまらない。

準備ができました

DAY 061

____월____일

MP3_061

パリピの友達に誘われて
初めて音楽フェスに行ってみた。

파티 좋아하는 친구한테 초대받아서

처음으로 음악 페스티벌에 가 봤다.

문장 파헤치기

[ピ로 끝나는 말 (여기서 ピ는 각각 다른 의미를 가짐.)]

- **パリピ** (파티 문화를 즐기는 사람) パーティー・ピープル(party people)를 영어에 가깝게 발음한 줄임말.

- **彼ピ**(남자친구) 彼氏(남자친구)를 다소 귀엽고 앙증맞게 부르는 말.

- **ギャルピ** (갸루피스) 손바닥을 아래로 향한 브이 포즈로 한국에서 유행한 것이 유래됨. ギャルピース(Gal Peace)의 줄임말.

誘う = 제안[권유]하다 / 初めて = 처음으로 / 音楽フェス = 음악 페스티벌

パリピの友達に	誘われて
파티 좋아하는 친구한테	초대받아서

初めて	音楽フェスに	行ってみた。
처음으로	음악 페스티벌에	가 봤다.

문장 3번 따라 쓰기

o

o

o

응용 문장 2번씩 쓰기

① 남친이랑 맞춤 향수를 뿌리고 데이트하고 싶어요.

힌트 お揃(そろ)い = 맞춤 / 香水(こうすい)をつける = 향수를 뿌리다 / デートをする = 데이트를 하다

o

o

② 갸루피스로 사진 찍을래?

힌트 写真(しゃしん)(を)撮(と)る = 사진(을) 찍다

o

o

응용 문장 모범 답안

① 彼(かれ)ピとお揃(そろ)いの香水(こうすい)をつけてデートしたいです。

② ギャルピで写真(しゃしん)撮(と)る？

DAY 062

_____월 _____일

MP3_062

先に起きて、子供のオムツを替えたり、ご飯を食べさせたり、イクメンとして頑張ってます。

먼저 일어나서 아이의 기저귀를 갈아 주거나
밥을 먹이는 등 육아남으로 최선을 다하고 있습니다.

문장 파헤치기

[メン(men/面)이 붙는 말]

- **イクメン**(육아에 적극적인 남성) '육아'의 의미를 갖는 **イク(育)**를 써서 만든 말.
- **ブサメン**(추남) '못생겼다'는 뜻의 **ブサイク**에서 파생된 말.
- **ダメンズ**(연애 관계에서 폭력을 휘두르거나 바람을 피는 등 불성실한 남성)
'좋지 않은 상태'를 뜻하는 **ダメ**와 **メンズ**(남성; 재플리시(**和製英語**))의 합성어.

先に起きる = 먼저 일어나다 / **オムツを替える** = 기저귀를 갈다
ご飯を食べさせる = 밥을 먹이다 / **頑張る** = 최선을 다하다

先に起きて、	子供のオムツを	替えたり、	ご飯を
먼저 일어나서	아이의 기저귀를	갈아주거나	밥을
食べさせたり、	イクメンとして	頑張ってます。	
먹이는 등	육아남으로	최선을 다하고 있습니다.	

158

문장 3번 따라 쓰기

○

○

○

응용 문장 2번씩 쓰기

① 그는 추남이지만 커뮤니케이션 능력이 뛰어나서 여성에게 인기가 있다.

힌트 コミュ力(=コミュニケーション能力) = 커뮤니케이션 능력 / モテる = 인기 있다

○

○

② 여자를 밝히고 술버릇이 나쁜 그는 전형적인 한심한 남자였어요.

힌트 女好き = 여자 밝힘 / 酒癖 = 술버릇 / 絵に描いたよう = 전형적인 모습의 비유

○

○

응용 문장 모범 답안

① 彼はブサメンだけどコミュ力が高くて女性にモテる。
② 女好きで酒癖が悪い彼は絵に描いたようなダメンズでした。

DAY 063

____월 ____일

海岸かいがんから見みる夕焼ゆうやけはエモすぎる。

해안에서 보는 노을은
너무나 분위기가 있다.

문장 파헤치기

[カタカナ(외래어)+い(형용사 취급)]

- **エモい**(감성[서정]적이다)

'감정적이다'라는 뜻의 **エモーショナル**(emotional)에서 유래.
마음이 동요되어 말하기 어려운 감정 상태를 뜻함.

- **チルい**(느긋하다, 편안하다)

'긴장을 푼다'는 의미인 **チルアウト**(chill out)에서 유래.
마음이 편하거나 안정된 분위기에서 쓰임.

- **ラグい**(랙이 걸리다) '시간 차가 발생하는 것'을 뜻하는 **ラグ**(lag)에서 유래.

海岸かいがん = 해안 / 見みる = 보다 / 夕焼ゆうけ = 저녁 노을

海岸かいがんから	見みる夕焼ゆうやけは	エモすぎる。
해변에서	보는 노을은	너무나 분위기가 있다.

문장 3번 따라 쓰기

◦

◦

◦

응용 문장 2번씩 쓰기

① 이 가게는 편안한 분위기라서 오래 있을 수 있겠어요.

힌트 この店(みせ) = 이 가게 / 雰囲気(ふんいき) = 분위기 / 長居(ながい) = 오래 머무름

◦

◦

② 밤이 되면 게임 랙이 걸리는 경우가 있다.

힌트 夜(よる)になる = 밤이 되다 / ゲーム = 게임

◦

◦

응용 문장 모범 답인

① この店(みせ)はチルい雰囲気(ふんいき)で長居(ながい)できそうです。

② 夜(よる)になるとゲームがラグくなることがある。

DAY 064   ___월___일

こんな所(ところ)でグチっても しょうがないでしょ。

이런 데서 불평해 봤자
소용없잖아.

문장 파헤치기

[カタカナ(일본어-가타카나)+る(동사 취급)]

- **グチる**(푸념하다, 투덜대다, 불평하다)

'푸념, 넋두리'를 뜻하는 **愚痴(ぐち)**를 동사화시킨 표현. (= **愚痴(ぐち)を言(い)う**)

- **ハブる**(무리에서 제외시키다, 왕따시키다)

省(はぶ)く(생략하다), **村八分(むらはちぶ)**(마을의 법도를 어긴 사람들에게 가해지는 제제 행위) 등 어원에 대해서는 의견이 다양함.

- **ケチる**(인색하게 굴다) '구두쇠'를 뜻하는 **けち**를 동사화시킨 표현.

こんな所(ところ) = 이런 곳, 이런 장소 / **〜ても** = ~해도

しょうがない = 어쩔 수 없다, 소용 없다 / **〜でしょ** = ~잖아

こんな所(ところ)で	グチっても	しょうがないでしょ。
이런 데서	불평해 봤자	소용없잖아.

문장 3번 따라 쓰기

○

○

○

응용 문장 2번씩 쓰기

① 알바하는 곳에서 따돌림 당하고 있는 것 같아서 괴로워요.

힌트 バイト先(さき) = 알바하는 곳 / ~気(き)がする = ~한 것 같다 / 辛(つら)い = 괴롭다, 힘들다

○

○

② 당장 눈앞의 돈을 아끼면 오히려 손해(를) 볼 거야.

힌트 目先(めさき) = 당장, 눈앞 / お金(かね) = 돈 / かえって = 오히려 / 損(そん)をする = 손해를 보다

○

○

응용 문장 모범 답안

① バイト先(さき)でハブられて(い)る気(き)がして辛(つら)いです。
② 目先(めさき)のお金(かね)をケチるとかえって損(そん)(を)するよ。

DAY 065

___월___일

さいきんせかいじゅう
最近世界中で
バズってるダンス知ってる?

요새 전 세계에서
떡상 중인 춤 알아?

문장 파헤치기

[カタカナ(외래어-가타카나)+る(동사 취급)]

- **バズる**(인터넷 상에서 특정 화제가 단기간에 폭발적으로 퍼지다, 떡상하다)

벌이 윙윙거리는 소리를 가리키는 **バズ**(buzz)를 동사화시킨 표현.

- **バグる**(기계나 시스템이 오작동을 일으키다)

시스템의 오류를 뜻하는 **バグ**(bug)를 동사화시킨 표현.

- **ディスる**(상대를 부정하거나 헐뜯다, 디스하다)

무시하거나 경멸하는 것을 뜻하는 **ディスリスペクト**(disrespect)의 약어인 **ディス**(diss)를 동사화시킨 표현.

さいきん　　　　　せかいじゅう　　　　し
最近 = 요새, 최근 / **世界中** = 전 세계 / **知る** = 알다

さいきん 最近	せかいじゅう 世界中で	バズってるダンス	し 知ってる?
요새	전 세계에서	떡상 중인 춤	알아?

문장 3번 따라 쓰기

○

○

○

응용 문장 2번씩 쓰기

① 선생님, 너무 어려워서 멘붕(머리에 오작동) 올 것 같아요.

힌트 難しすぎる = 너무 어렵다 / 脳がバグる = 뇌가 이상해지다(오작동을 일으키다)

○

○

② 나 돌려 까는 거 아냐? (= 에둘러서 나 디스하는 거 아냐?)

힌트 遠回しに = 에둘러서, 우회적으로 / 私のこと = 나(에 대해)

○

○

응용 문장 모범 답안

① 先生、難しすぎて脳がバグりそうです。
② 遠回しに私のことディスって(い)ない？

DAY 066

_____월 _____일

MP3_066

お金持ちの家に生まれたからといって
必ずしも親ガチャに成功したとは限らない。

부잣집에서 태어났다고 해서
반드시 부모 복이 있다고는 할 수 없다.

문장 파헤치기

[○○ガチャ] ガチャ란 원래 '뽑기'라고 불리는 캡슐 자판기 상표명(ガチャガチャ/ガチャポン)으로, 최근에는 '운이 잘 따라야 하는 것'을 뜻하는 은어로도 사용됨.

- 親ガチャ(부모 뽑기) 부모를 선택하여 태어날 수 없음.
- 国ガチャ(나라 뽑기) / 隣人ガチャ(이웃 뽑기) 출생국/이웃은 선택할 수 없음.

お金持ちの家 = 부잣집 / 生まれる = 태어나다
必ずしも~とは限らない = 반드시 ~라고 단정할 수는 없다
親ガチャに成功する = 부모 뽑기에 성공하다 → 부모 복이 있다

お金持ちの家に | 生まれたからといって
부잣집에서 | 태어났다고 해서
必ずしも親ガチャに成功したとは限らない。
반드시 부모 복이 있다고는 할 수 없다.

문장 3번 따라 쓰기

o

o

o

응용 문장 2번씩 쓰기

① (태어나는) 나라를 잘 뽑아서(= 나라 뽑기에 당첨돼서) 다행이에요.

힌트 当たる = 당첨되다 / ~てよかった = ~해서 다행이다

o

o

② 위층 소음이 심해요. 이웃 뽑기에서 꽝을 뽑은 것 같습니다.

힌트 上階(じょうかい) = 위층 / 騒音(そうおん)がひどい = 소음이 심하다 / ハズレを引(ひ)く = 꽝을 뽑다

o

o

응용 문장 모범 답안

① 国(くに)ガチャに当(あ)たってよかったです。

② 上階(じょうかい)の騒音(そうおん)がひどいです。隣人(りんじん)ガチャでハズレを引(ひ)いたようです。

DAY 067

_____월_____일

せんしゅう　ほっかいどう
先週、北海道で
しぜんかいわい
自然界隈してきたよ。

지난주에 홋카이도에서

자연을 즐기다 왔어.

문장 파헤치기

[○○界隈] 界隈란 원래 그 주변 일대를 의미하는 말로, 최근에는 특정한 취미나 관심사를 공유하는 사람들의 커뮤니티 또는 그 행위를 일컬음. 정해진 표현 방식은 없음.

・**自然界隈**(산, 바다, 숲 등에 가서 대자연을 만끽하는 것)
自然界隈をする(자연을 즐기다, 만끽하다)와 같이 활용 가능.

・**風呂キャンセル界隈**(씻는 게 귀찮아서 샤워나 목욕을 하지 않는 것)
風呂キャン이라고 줄여 부르기도 함.

・**片目界隈**(얼굴을 반만 가리거나 눈 한쪽을 가리고 사진을 찍는 것)

先週 = 지난주 / **北海道** = 홋카이도 / **〜てくる** = ~하고 오다

先週、	北海道で	自然界隈してきたよ。
지난주에	홋카이도에서	자연을 즐기다 왔어.

문장 3번 따라 쓰기

○

○

○

응용 문장 2번씩 쓰기

① 오늘로 목욕 취소 7일째예요.

힌트 今日で = 오늘로 / 風呂キャン = 목욕 취소 / 7日目 = 7일째

○

○

② 이 사진, 얼굴 반만 가리고 사진 찍는 사람처럼 됐네.

힌트 写真 = 사진 / ~っぽくなる = ~같이 되다, ~스럽게 되다

○

○

응용 문장 모범 답안

① 今日で風呂キャン7日目です。

② この写真、片目界隈っぽくなって(い)るね。

DAY 068

___월___일

私_{わたし}は陽_{よう}キャに憧_{あこが}れる
陰_{いん}キャです。

저는 인싸가 되고 싶은
아싸예요.

문장 파헤치기

[성격, 정신 상태를 나타내는 신조어]

- **陽キャ/陰キャ** (인싸-밝고 사교적인 성격/아싸-내성적, 소극적인 성격)
  陽気_{ようき}な/陰気_{いんき}なキャラクター(쾌활한/음침한 캐릭터)의 약어.

- **根明_{ねあか}/根暗_{ねくら}** (천성이 밝은 것/천성이 어두운 것)
  根_ねが明_{あか}るい(천성이 밝다), **根_ねが暗_{くら}い**(천성이 어둡다)의 약어.

- **メンヘラ/ヤンデレ** (정신 문제[장애]가 있는 사람)
  メンヘラ는 **メンタルヘルス**(정신 건강)의 약어, **ヤンデレ**는 **病_やむ**(앓다)와
  デレる(살살 녹다)의 합성어로 누군가를 너무 좋아해 정신적으로 피폐해진 상태.

陽_{よう}キャに憧_{あこが}れる = 인싸를 동경하다 → 인싸가 되고 싶다

私_{わたし}は	陽_{よう}キャに	憧_{あこが}れる	陰_{いん}キャです。
저는	인싸가	되고 싶은	아싸예요.

문장 3번 따라 쓰기

o

o

o

응용 문장 2번씩 쓰기

① 조금 어두운 성격이라 여럿이서 왁자지껄하게 어울리는 걸 잘 못한다.

힌트 性格 = 성격 / ワイワイ盛り上がる = 왁자지껄하게 어울리다 / 苦手だ = 잘 못하다

o

o

② 그녀는 멘헤라여서 연락이 조금만 늦어도 화를 내거나 울어버린다.

힌트 連絡が遅れる = 연락이 늦어지다 / 怒ったり泣いたりする = 화를 내거나 울어버린다

o

o

응용 문장 모범 답안

① 少し根暗な性格で、大勢でワイワイ盛り上がるのが苦手だ。
② 彼女はメンヘラで、連絡が少し遅れるだけで怒ったり泣いたりする。

DAY 069

_____월 _____일

彼女の靴下に穴が空いてるのを見て蛙化した。

여자친구의 양말에 구멍이 난 것을 보고 마음이 식었다.

문장 파헤치기

[사회 현상을 반영한 신조어]

- **蛙化現象**(개구리화 현상) 호의를 가지고 있던 상대에게 관심을 받는 순간 혐오감을 느끼는 현상. (좋아하던 사람의 작은 행동에 마음이 식게 되는 것을 가리키기도 함.)

- **カスハラ**(고객 갑질) **カスタマーハラスメント**(Customer harassment;재플리시)의 줄임말로 고객이 기업에게 부당한 요구나 클레임 등을 거는 갑질 행위를 의미.

- **インバウン丼**(인바운덮밥) **インバウンド**(인바운드)와 **海鮮丼**(카이센동)의 합성어로 외국인 관광객을 타겟으로 한 고액의 해산물 덮밥.

彼女 = 그녀, 여자친구 / **靴下に穴が空く(開く)** = 양말에 구멍이 나다

彼女の靴下に	穴が	空いてるのを	見て	蛙化した。
여자친구의 양말에	구멍이	난 것을	보고	마음이 식었다.

문장 3번 따라 쓰기

◦

◦

◦

응용 문장 2번씩 쓰기

① 고객 갑질에 시달리는 기업이 늘어나고 있어요.

힌트 ~に悩(なや)まされる = ~에 시달리다 / 企業(きぎょう) = 기업 / 増(ふ)えている = 늘어나고 있다

◦

◦

② 여전히 인바운덮밥은 불티나게 팔리고 있다.

힌트 相変(あいか)わらず = 여전히 / 飛(と)ぶように売(う)れる = 불티나게 팔리다

◦

◦

응용 문장 모범 답안

① カスハラに悩(なや)まされる企業(きぎょう)が増(ふ)えています。
② 相変(あいか)わらずインバウン丼(どん)は飛(と)ぶように売(う)れている。

DAY 070

_____월 _____일

MP3_070

電話越しの声がイケボすぎてたまらない。

전화 너머로 들리는 목소리가 너무 멋있어서 미치겠다.

문장 파헤치기

[그 외 다양한 신조어 및 유행어들]

- **イケボ**(꿀 보이스) **イケてるボイス**(멋있는 목소리) 또는 **イケメンボイス**(꽃미남 목소리)의 줄임말로 듣기 좋고 매력적인 남성의 목소리를 가리킴.

- **バイブス**(바이브(vibes)) 분위기나 느낌, 텐션 등을 가리키는 말로 보통 고양된 감정, 높은 에너지를 표현할 때 사용함.

- **秒で**(1초만에, 순식간에) 아주 빠른 속도감을 나타내는 표현.

電話越し = 전화(기) 너머 / **声** = 목소리

たまらない = 견딜 수 없다, 미치겠다

電話越しの	声が
전화(기) 너머(로 들리는)	목소리가
イケボすぎて	**たまらない。**
너무 멋있어서	미치겠다.

문장 3번 따라 쓰기

○

○

○

응용 문장 2번씩 쓰기

① 술자리에서 바이브가 맞는 사람들이 있으면 기분이 좋다.

힌트 飲(の)み会(かい) = 술자리 / 嬉(うれ)しい = 기쁘다, 기분이 좋다

○

○

② 왜 쉬는 날은 순식간에 끝나는 걸까.

힌트 何(なん)で = 왜 / 休(やす)みって = 쉬는 날은 / 終(お)わる = 끝나다

○

○

응용 문장 모범 답안

① 飲(の)み会(かい)でバイブスの合(あ)う仲間(なかま)がいると嬉(うれ)しい。

② 何(なん)で休(やす)みって秒(びょう)で終(お)わるんだろう。

175

매일 1장
일본어 쓰기 습관
100일의 기적

私は日本語の勉強をする

CHAPTER 08

JLPT N1/N2 문법 (50음도 순)

071 散々待たせたあげく「先に帰れ」って?

072 春が来たかと思いきや朝から雪でした。

073 負けたのは悔しいけど、彼の実力を認めざるを得なかった。

074 東京滞在中は一食たりとも無駄にできない。

075 ドラマじゃあるまいし、そんなこと普通ないよ。

076 手書きならではの味わいがあります。

077 挨拶はおろか目も合わせてくれないなんて。

078 ダメなら一からやり直すまでだ。

079 昼休みのチャイムが鳴るや否や教室を飛び出した。

080 年齢や性別、国籍を問わず誰にでも愛される作品を作りたいです。

準備ができました

DAY 071

_____월 _____일

散々待たせたあげく
「先に帰れ」って？

실컷 기다리게 해 놓고
"먼저 집에 가라"고?

문장 파헤치기

[あ행]

명사 + の/동사의 た형 + あげく(に) = ~한 끝에, ~한 나머지

어떤 상태가 일정 기간 동안 지속된 후 부정적인 결과로 이어졌다고 말할 때 사용.

동사의 ます형 + 得る = ~할 (가능성이 있을) 수 있다

'능력'에 대해 말할 땐 사용할 수 없고 '어떤 가능성'이 있다고 말할 때 사용.

명사 + の/동사의 기본형 + 恐れがある = ~할 우려가 있다

주로 '나쁜 가능성'을 암시할 때 사용.

散々 = 실컷, 심하게, 지독하게 / 待たせる = 기다리게 하다
先に = 먼저 / 帰る = 귀가하다 → 帰れ = 귀가해라 / って？ = ~라고？

散々	待たせたあげく	「先に帰れ」って？
실컷	기다리게 해 놓고	"먼저 집에 가라"고？

문장 3번 따라 쓰기

○

○

○

응용 문장 2번씩 쓰기

① 인생은 어떤 일이든 일어날 수 있다.

힌트 人生(じんせい) = 인생 / どんなことでも = 어떤 일이든 / 起(お)こり得(う/え)る = 일어날 수 있다

○

○

② 그대로 방치하면 증상이 악화될 우려가 있습니다.

힌트 放(ほう)っておく = 방치하다 / 症状(しょうじょう)が悪化(あっか)する = 증상이 악화되다

○

○

응용 문장 모범 답안

① 人生(じんせい)はどんなことでも起(お)こり得(う/え)る。
② そのまま放(ほう)っておくと、症状(しょうじょう)が悪化(あっか)する恐(おそ)れがあります。

DAY 072

_____월 _____일

春が来たかと思いきや
朝から雪でした。

봄이 온 줄 알았는데
아침부터 눈이 왔어요.

문장 파헤치기

[か행]

동사의 보통형 + (か)と思いきや = ~인 줄 알았는데, ~라고 생각했는데

생각했던 것과 반대의 결과, 또는 뜻밖의 결과가 이어졌다고 말할 때 사용.

동사의 ます형 + かねる = (사정이 있어서) ~하기 어렵다

다소 격식을 차린 표현으로, 정중하게 거절하거나 부정할 때 사용.

명사 + の/동사의 기본형 + きらいがある = ~하는 경향이 있다

자연 현상에는 쓰지 않고 주로 좋지 않은 경향을 말할 때 사용.

春が来る = 봄이 오다
朝 = 아침 / 雪だ = 눈이다, 눈이 오다 (=雪が降る)

春が	来たかと思いきや	朝から	雪でした。
봄이	온 줄 알았는데	아침부터	눈이 왔어요.

문장 3번 따라 쓰기

○

○

○

응용 문장 2번씩 쓰기

① 저희 쪽에서는 정확한 것은 알기 어렵습니다.

힌트 こちら = 여기, 저희 쪽 / 正確なこと = 정확한 것 / わかりかねる = 알기 어렵다

○

○

② 그녀는 귀찮은 일을 뒤로 미루는 경향이 있다.

힌트 面倒な仕事 = 귀찮은 일 / 後回しにする = 뒤로 미루다

○

○

응용 문장 모범 답안

① こちらでは正確なことはわかりかねます。

② 彼女は面倒な仕事を後回しにするきらいがある。

DAY 073 ____월 ____일

負(ま)けたのは悔(くや)しいけど、
彼(かれ)の実(じつ)力(りょく)を認(みと)めざるを得(え)なかった。

진 건 분하지만

그의 실력을 인정하지 않을 수 없었다.

문장 파헤치기

[さ행]

동사의 ない형(*する→せ) + ざるを得(え)ない = ~하지 않을 수 없다, ~해야 한다

어쩔 수 없이 해야 할 때, 상황을 피할 수 없어서 직면해야 하는 경우에 사용.

동사의 기본형 + 始末(しまつ)だ = 결국 ~하는 지경에 이르렀다

여러 과정을 거쳐 결국 나쁜 결과가 되었다고 말하고 싶을 때 사용.

동사의 기본형/た형 + そばから = ~하자마자, ~하는 족족

좋지 않은 의미로 쓰는 경우가 많고 1회성이 아닌 같은 상황이 반복될 때 사용.

負(ま)ける = 지다 / 悔(くや)しい = 분하다 / 実(じつ)力(りょく) = 실력 / 認(みと)める = 인정하다

負(ま)けたのは	悔(くや)しいけど、
진 건	분하지만
彼(かれ)の実(じつ)力(りょく)を	認(みと)めざるを得(え)なかった。
그의 실력을	인정하지 않을 수 없었다.

문장 3번 따라 쓰기

◦

◦

◦

응용 문장 2번씩 쓰기

① 만취해서 결국 다치는 지경에 이르렀다.

> 힌트 泥酔(でいすい)する = 만취하다 / 結局(けっきょく) = 결국 / 怪我(けが)をする = 다치다

◦

◦

② 외우는 걸 잘 못해서 들은 족족 잊어버려요.

> 힌트 覚(おぼ)える = 외우다 / 聞(き)いたそばから = 들은 족족 / 忘(わす)れてしまう = 잊어버리다

◦

◦

응용 문장 모범 답안

① 泥酔(でいすい)して結局(けっきょく)怪我(けが)をする始末(しまつ)だ。

② 覚(おぼ)えるのが苦手(にがて)で、聞(き)いたそばから忘(わす)れてしまいます。

DAY 074

_____월 _____일

とうきょうたいざいちゅう
東京滞在中は
いっしょく　　　　　　　む だ
一食たりとも無駄にできない。

도쿄에 머무는 동안은
한 끼도 낭비할 수 없다.

문장 파헤치기

[た행]

1 + 조수사/명사 + たりとも～ない = ~조차 ~없다, ~도 ~하지 않는다

최소 단위를 사용하여 '그것조차 ~하지 않는다'고 부정할 때 사용.

い형용사/동사의 보통형/명사/な형용사의 어간 + だの + (동일한 접속) + だの

예를 들며 '여러 가지를 열거'하며 말할 때 사용.
화자의 불만이나 비난을 드러내는 표현이며 주로 회화체에서 쓰임.

동사의 ます형 + つつある = (점점) ~하고 있다

어떤 동작이나 변화가 일정한 방향으로 진행되고 있는 과정을 나타내는 표현.
주로 문어체에서 사용.

とうきょう　　　　　　　　たいざいちゅう
東京 = 도쿄 / **滞在中** = 체류 중, 머무는 동안
いっしょく　　　　　　　　　　　む だ　　　　　　　　　む だ
一食 = 한 끼 / **無駄** = 낭비 → **無駄にできる** = 낭비할 수 있다

とうきょうたいざいちゅう 東京滞在中は	いっしょく 一食たりとも	む だ 無駄にできない。
도쿄에 머무는 동안은	한 끼도	낭비할 수 없다

문장 3번 따라 쓰기

○

○

○

응용 문장 2번씩 쓰기

① 모처럼 데려가 줬는데 덥다느니 눈부시다느니 불평만 늘어놓더라고요.

힌트 連れて行く = 데려가다 / 暑い = 덥다 / 眩しい = 눈부시다 / 文句 = 불평

○

○

② 일이라는 개념이 변해가고 있는 시대라고 생각한다.

힌트 仕事の概念 = 일이라는 개념 / 変わりつつある = 변해가고 있다 / 時代 = 시대

○

○

응용 문장 모범 답안

① せっかく連れて行ってあげたのに暑いだの眩しいだの文句ばかり言って(い)ました。

② 仕事の概念が変わりつつある時代だと思う。

DAY 075

____월____일

ドラマじゃあるまいし、そんなこと普通(ふつう)ないよ。

드라마도 아니고,
그런 일 보통 안 일어나.

문장 파헤치기

[た행]

명사 + **では/じゃあるまいし** = ~도 아니고, ~도 아닌데

상대에 대한 비난, 충고, 조언 등이 뒤에 이어지며 주로 화화체로 사용.

모든 품사의 보통형 + **といえども** = (아무리) ~라고 해도, (비록) ~일지라도

앞의 내용과 반대되거나 예상을 빗나가는 내용이 뒤에 이어지며 다소 딱딱한 표현.

명사/동사의 기본형 + **ともなると** = ~쯤 되면, ~라는 상황이나 입장이 되면

특정한 상황이나 단계에 도달하면 자연스럽게 변화가 일어난다는 표현.

ドラマ = 드라마

そんなこと = 그런 일

普通(ふつう)(は)ない = 보통은 없다, 일반적으로는 없다

ドラマじゃあるまいし、	そんなこと	普通(ふつう)ないよ。
드라마도 아니고,	그런 일	보통 안 일어나.

문장 3번 따라 쓰기

○

○

○

응용 문장 2번씩 쓰기

① 가족이라고 해도 프라이버시는 중요해요.

힌트 家族(かぞく) = 가족 / プライバシー = 사생활, 프라이버시 / 大事(だいじ)だ = 중요하다

○

○

② 여름방학쯤 되면 여행 예약이 쇄도한다.

힌트 夏休(なつやす)み = 여름방학 / 旅行(りょこう)の予約(よやく) = 여행 예약 / 殺到(さっとう)する = 쇄도하다

○

○

응용 문장 모범 답안

① 家族(かぞく)といえども、プライバシーは大事(だいじ)です。
② 夏休(なつやす)みともなると旅行(りょこう)の予約(よやく)が殺到(さっとう)する。

DAY 076

___월 ___일

手書(てが)きならではの 味(あじ)わいがあります。

손글씨만의
특별한 매력이 있어요.

문장 파헤치기

[な행]

명사 + ならではの = ~만이 가지고 있는, ~특유의

어떠한 특징을 특정 대상에서만 볼 수 있고 기대할 수 있다는 표현.

명사 + に限(かぎ)ったことではない = ~에 국한된 것은 아니다

어떠한 점이 특정 대상뿐 아니라 그 외 대상에도 있다고 말할 때 쓰는 딱딱한 표현.

명사/동사의 보통형 + にすぎない = ~에 지나지 않는다, 그저 ~일 뿐이다

어떠한 것의 질적, 양적 정도가 낮다고 말할 때에 쓰는 표현.

手書(てが)き = 글씨를 손으로 씀, 손글씨
味(あじ)わい = 맛, 은근한 정취, 특별한 매력

| 手書(てが)きならではの | 味(あじ)わいが | あります。 |
| 손글씨만의 | 특별한 매력이 | 있어요. |

문장 3번 따라 쓰기

◦

◦

◦

응용 문장 2번씩 쓰기

① 모르는 것에 흥미를 갖는 건 아이들에게 국한된 것은 아니다.

힌트 知らないこと = 모르는 것 / 興味を持つ = 흥미를 갖다 / 子供 = 아이들

◦

◦

② 이번 보도는 빙산의 일각에 불과하다고 여겨지고 있다.

힌트 今回の報道 = 이번 보도 / 氷山の一角 = 빙산의 일각 / 言われる = 여겨지다

◦

◦

응용 문장 모범 답안

① 知らないことに興味を持つのは子供に限ったことではない。

② 今回の報道は氷山の一角にすぎないと言われている。

DAY 077

_____월_____일

あいさつ
挨拶はおろか
め あ
目も合わせてくれないなんて。

인사는커녕
눈도 마주쳐 주지 않다니.

문장 파헤치기

[は행]

명사 + **はおろか** = ~은커녕, ~은 말할 것도 없고

얼만큼 극단적인 범위까지 이르렀는지를 강조하며 말할 때 사용.
뒤에는 부정형이 오는 경우가 많음.

명사 + **はともかく** = ~은 차치하고, ~은 어찌됐든

현재 상황에서 앞부분은 문제 삼지 않고 뒷부분을 우선시한다고 말할 때 사용.

동사의 기본형 + **べからず** = ~해서는 안 된다, ~하지 말 것

일상회화에서는 잘 쓰이지 않고 속담이나 경고문, 규칙 등을 표현할 때 사용.

挨拶(あいさつ) = 인사 / **目を合わせる**(めをあわせる) = 눈을 마주치다

~てくれない = ~해 주지 않다 / **~なんて** = ~라니

挨拶はおろか	目も	合わせてくれないなんて。
인사는커녕	눈도	마주쳐 주지 않다니.

문장 3번 따라 쓰기

○

○

○

응용 문장 2번씩 쓰기

① 골프 스코어는 둘째 치고 날씨가 좋아서 최고였어요.

힌트 ゴルフスコア = 골프 스코어 / 天気がいい = 날씨가 좋다 / 最高 = 최고

○

○

② 일하지 않는 자는 먹지도 말라.

힌트 働かざる = 일하지 않다 / 者 = 사람 / 食う = 먹다

○

○

응용 문장 모범 답안

① ゴルフスコアはともかく天気が良くて最高でした。

② 働かざる者食うべからず。

DAY 078

____월 ____일

ダメなら
一(いち)からやり直(なお)すまでだ。

안 되면
처음부터 다시 할 뿐이다.

문장 파헤치기

[ま행]

동사의 기본형/これ・それ + までだ = ~할 뿐이다, ~할 따름이다

앞에 조건문이 온 뒤 다른 방법/수단이 없어 어떤 걸 선택한다고 말할 때 사용.

명사 + もさることながら = ~은 물론, ~도 무시할 수 없지만

앞의 내용을 인정하며 뒤에 이어 나오는 내용을 강조하고 싶을 때 사용.

명사/동사의 た형・ない형 + も同然(どうぜん)だ = ~와 거의 같다, ~와 마찬가지다

실제와는 다르지만 거의 비슷한 모양새를 하고 있다고 말할 때 사용.

ダメ = 안 된다 → **ダメなら** = 안 되면
一(いち)から = 처음부터, 하나부터
やり直(なお)す = 다시 하다, 고쳐 하다

| ダメなら | 一(いち)から | やり直(なお)すまでだ。 |
| 안 되면 | 처음부터 | 다시 할 뿐이다. |

문장 3번 따라 쓰기

◦

◦

◦

응용 문장 2번씩 쓰기

① 배우의 연기도 물론이거니와 연출도 훌륭했다.

힌트 役者(やくしゃ) = 배우, 연기자 / 演技(えんぎ) = 연기 / 演出(えんしゅつ) = 연출 / 素晴(すば)らしい = 훌륭하다

◦

◦

② 저는 아무런 도움도 못 되고 없는 것과 마찬가지였어요.

힌트 何(なん)の役(やく)にも立(た)てず = 아무런 도움도 못 되고 / いない = 없다

◦

◦

응용 문장 모범 답안

① 役者(やくしゃ)の演技(えんぎ)もさることながら演出(えんしゅつ)も素晴(すば)らしかった。

② 私(わたし)は何(なん)の役(やく)にも立(た)てず、いないも同然(どうぜん)でした。

DAY 079

_____월 _____일

昼休みのチャイムが鳴るや否や教室を飛び出した。

점심시간 종이 울리자마자 교실을 뛰쳐나갔다.

문장 파헤치기

[や행]

동사의 기본형 + や否や = ~하자마자 바로, ~직후에

앞부분에 이어 뒷부분에 의외의 상황이 펼쳐지는 경우가 많음.

모든 품사의 보통형 + ゆえに = ~때문에

'〜ために'와 같이 이유, 까닭을 나타내는 표현으로 보통 문어체에서 사용.

동사의 의지형 + ようが / い형용사 + かろうが / 명사・な형용사 + だろうが = ~하든

앞 내용과 상관없이 뒤의 내용이 이어진다고 말할 때 사용.

チャイムが鳴る = 종이 울리다 / **飛び出す** = 뛰쳐나가다

昼休みのチャイムが | 鳴るや否や
점심시간 종이 | 울리자마자

教室を | 飛び出した。
교실을 | 뛰쳐나갔다.

문장 3번 따라 쓰기

○

○

○

응용 문장 2번씩 쓰기

① 그는 젊기에 무모한 삶을 살고 있는 것 같다.

힌트 若さ = 젊음 / 無謀だ = 무모하다 / 生き方をする = 삶을 살다

○

○

② 주변 사람들이 어떻게 생각하든 그다지 신경 쓰지 않아요.

힌트 周りの人 = 주변 사람들 / 思われる = (남이 나를) 생각하다 / 気にする = 신경 쓰다

○

○

응용 문장 모범 답안

① 彼は若さゆえに無謀な生き方をしているようだ。
② 周りの人からどう思われようが、さほど気にしていません。

DAY 080

___월___일

年齢や性別、国籍を問わず
誰にでも愛される作品を作りたいです。

연령이나 성별, 국적을 불문하고

누구에게나 사랑받는 작품을 만들고 싶어요.

문장 파헤치기

[を/ん]

명사 + **を問わず** = ~을 불문하고

問う(묻다)의 부정형 問わず가 쓰인 표현.

명사 + **を巡って** = ~을 둘러싸고

어떤 것에 대한 논쟁이나 의견 대립이 일어나고 있는지 설명할 때 사용.

동사의 **ない**형(*する→せ) + **んばかりに・んばかりの** = 곧 ~할 듯이[듯한]

실제로는 아니지만 마치 어떤 일이 일어날 것 같다고 말할 때 사용.

年齢や性別 = 연령이나 성별 / **国籍** = 국적 / **作品** = 작품
誰にでも = 누구에게나 / **愛される** = 사랑받다 / **作りたい** = 만들고 싶다

年齢や性別、 | **国籍を問わず** |
연령이나 성별, 　국적을 불문하고

誰にでも | **愛される作品を** | **作りたいです。**
누구에게나　사랑받는 작품을　만들고 싶어요.

문장 3번 따라 쓰기

◦

◦

◦

응용 문장 2번씩 쓰기

① 생성형 AI를 둘러싸고 다양한 위험성이 지적되고 있다.

힌트　生成AI(せいせい) = 생성형 AI / 様々なリスク(さまざま) = 다양한 위험성 / 指摘される(してき) = 지적되다

◦

◦

② 콘서트에서는 터질 듯한 박수가 쏟아졌다(터져 나왔다).

힌트　コンサート = 콘서트 / 割れる(わ) = 터지다 / 拍手(はくしゅ) = 박수 / 湧き起こる(わ お) = 터져 나오다

◦

◦

응용 문장 모범 답안

① 生成AI(せいせい)を巡(めぐ)って、様々(さまざま)なリスクが指摘(してき)されている。
② コンサートでは割(わ)れんばかりの拍手(はくしゅ)が湧(わ)き起(お)こった。

197

매일 1장
일본어 쓰기 습관 100일의 기적

私は日本語の勉強をする

CHAPTER 09
축약형, 다양한 어투

081 どうしよう。コーヒーこぼしちゃった。

082 遅れるから、席取っといてくれる?

083 間違えちゃいけないから少し緊張します。

084 どうして私が謝らなくちゃいけないの?

085 君には幸せになってほしいんだって。

086 無理しすぎると体壊すよ。

087 ここ、前にも来たことあったよね。

088 適度な距離感って大事だな。

089 贈り物、気に入ってくれるかしら。

090 人生そうそう思い通りにいかないさ。

準備ができました

DAY 081

___월___일

どうしよう。
コーヒーこぼしちゃった。

어쩌지.
커피 흘려 버렸어.

문장 파헤치기

~てしまう → 동사의 て형 + ちゃう = (의도치 않게, 완전히) ~해 버리다
~でしまう → 동사의 て형 + じゃう = (의도치 않게, 완전히) ~해 버리다

실수, 후회, 놀람 등을 나타낼 때 쓰는 표현이며
일상 회화에서 자주 사용되는 축약형 표현.

どうしよう = 어쩌지, 어떡하지 (난처한 일을 당하거나 실수를 했을 때 쓰는 말)
コーヒー = 커피
こぼす = 흘리다, 엎지르다
→ **こぼしちゃう** = 흘려 버리다
　こぼしちゃった = 흘려 버렸어

どうしよう。	コーヒー	こぼしちゃった。
어쩌지.	커피	흘려 버렸어.

문장 3번 따라 쓰기

○

○

○

응용 문장 2번씩 쓰기

① 맥주 마셔 버려서 운전 못 해.

힌트 ビール = 맥주 / 飲む = 마시다 / 運転できる = 운전할 수 있다

○

○

② 변기 안에 스마트폰을 떨어뜨려 버렸어요.

힌트 便器の中 = 변기 안 / スマホ = 스마트폰 / 落とす = 떨어뜨리다

○

○

응용 문장 모범 답안

① ビール飲んじゃって運転できないよ。

② 便器の中にスマホを落としちゃいました。

DAY 082

____월____일

遅(おく)れるから、席(せき)取(と)っといてくれる?

늦을 것 같으니까,
자리 좀 맡아 줄래?

문장 파헤치기

〜ておく → 동사의 **て**형 + **とく** = ~해 두다, ~해 놓다

〜でおく → 동사의 **て**형 + **どく** = ~해 두다, ~해 놓다

어떠한 목적을 위해 사전에 무언가를 준비해 둔다고 할 때, 혹은
어떠한 상태를 아무것도 하지 않고 그대로 유지한다고 할 때 쓰는 축약형 표현.

遅(おく)れる = 늦다, 지각하다
→ 遅(おく)れるから = 늦으니까, 늦을 것 같아서

席(せき)を取(と)る = 자리를 맡다
→ 席(せき)を取(と)っとく = 자리를 맡아 두다
席(せき)(を)取(と)っといてくれる? = 자리(를) (미리) 맡아 줄래?

遅(おく)れるから、 | 席(せき) | 取(と)っといてくれる?
늦을 것 같으니까,　　자리　　 (좀) 맡아 줄래?

문장 3번 따라 쓰기

○

○

○

응용 문장 2번씩 쓰기

① 제가 정리할 테니 그대로 두세요(= 그대로인 상태로 두세요).

힌트 片付(かたづ)ける = 정리하다 / そのままにする = 그대로 두다

○

○

② 미디움 사이즈 주문해 두면 될 것 같아.

힌트 Mサイズ = 미디움 사이즈 / 頼(たの)む = 주문하다 / ~ばいいと思(おも)う = ~하면 될 것 같다

○

○

응용 문장 모범 답안

① 私(わたし)が片付(かたづ)けるのでそのままにしといてください。
② Mサイズ頼(たの)んどけばいいと思(おも)うよ。

DAY 083

____월 ____일

間違(まちが)えちゃいけないから
少(すこ)し緊張(きんちょう)します。

틀리면 안 되니까

조금 긴장돼요.

문장 파헤치기

〜てはいけない → 동사의 て형 + **ちゃいけない** = ~해서는 안 된다

〜ではいけない → 동사의 て형 + **じゃいけない** = ~해서는 안 된다

어떠한 행위나 동작을 금지한다고 말할 때 쓰는 표현이며

일상 회화에서 자주 사용되는 축약형 표현.

間違(まちが)える = 틀리다

→ **間違(まちが)えちゃいけない** = 틀리면 안 된다

〜から = ~이니까

少(すこ)し = 조금

緊張(きんちょう)する = 긴장하다, 긴장되다

間違(まちが)えちゃいけないから	少(すこ)し	緊張(きんちょう)します。
틀리면 안 되니까	조금	긴장돼요.

문장 3번 따라 쓰기

○

○

○

응용 문장 2번씩 쓰기

① 페트병도 들고 들어가면 안 되는 거야?

힌트 ペットボトル = 페트병 / 持ち込む = 들고 들어가다, 반입하다

○

○

② 오늘은 절대 밤새면 안 된다.

힌트 今日 = 오늘 / 絶対 = 절대 / 夜更かし(を)する = 밤(을) 새다, 밤 늦게까지 안 자다

○

○

응용 문장 모범 답안

① ペットボトルも持ち込んじゃいけないの？
② 今日は絶対夜更かししちゃいけない。

DAY 084 ____월____일

MP3_084

どうして私(わたし)が
謝(あやま)らなくちゃいけないの?

왜 내가

사과해야 되는 거야?

문장 파헤치기

~なければならない/なくてはいけない

→ 동사의 **ない**형 + **なきゃ**/**なくちゃ**(**ならない**/**いけない**)

= ~하지 않으면 안 된다, ~해야지

어떠한 일을 해야 할 의무와 필요성이 있다고 말할 때 쓰는 표현이며

일상 회화에서 자주 사용되는 축약형 표현.

どうして = 왜, 어째서
謝(あやま)る = 사과하다
→ **謝(あやま)らなくちゃいけない** = 사과하지 않으면 안 된다, 사과해야 된다
~の? = ~인 거야? (궁금함을 강조하는 종조사)

どうして	私(わたし)が	謝(あやま)らなくちゃいけないの?
왜	내가	사과해야 되는 거야?

문장 3번 따라 쓰기

○

○

○

응용 문장 2번씩 쓰기

① 기간 한정이니까 서둘러야지!

힌트 期間限定(きかんげんてい) = 기간 한정 / 急(いそ)ぐ = 서두르다

○

○

② 더 열심히 해야 되는데 전혀 힘이 안 나요(= 열심히 할 수 없어요).

힌트 もっと = 더 / 頑張(がんば)る = 열심히 하다, 힘을 내다 / ~のに = ~인데 / 全然(ぜんぜん) = 전혀

○

○

응용 문장 모범 답안

① 期間限定(きかんげんてい)だから急(いそ)がなきゃ！

② もっと頑張(がんば)らなきゃいけないのに全然頑張(ぜんぜんがんば)れません。

DAY 085

____월 ____일

君(きみ)には
幸(しあわ)せになってほしいんだって。

네가
행복해졌으면 좋겠대.

문장 파헤치기

〜と聞(き)いた/言(い)っていた(~라고 들었다/말했었다), **〜だそうだ**(~라고 한다)

→ 품사의 보통형 + **って/んだって** = ~래, ~라더라

품사의 보통형 + **んですって** = ~래요, ~라던데요

주로 듣거나 말한 것을 전달할 때 자주 사용하는 축약형 표현.

〜には = ~에게는

→ 여기서는 '너'를 강조하고자 사용된 조사. '**〜が**(이/가)'와 달리 절실한 바람이 담김.

幸(しあわ)せになる = 행복해지다

→ **幸(しあわ)せになってほしい** = 행복해졌으면 좋겠다
幸(しあわ)せになってほしいんだって = 행복해졌으면 좋겠대

　　　　　　　君(きみ)には | **幸(しあわ)せになってほしいんだって。**
　　　　　　　네가　　　　　행복해졌으면 좋겠대.

문장 3번 따라 쓰기

o

o

o

응용 문장 2번씩 쓰기

① 한드(한국 드라마) '폭싹 속았수다' 엄청 눈물 난대.

힌트 韓(かん)ドラ = 한드 /『おつかれさま』= 폭싹 속았수다 / 泣(な)ける = 눈물이 나다

o

o

② 맞선으로 결혼했대요.

힌트 お見合(みあ)い = 맞선 / 結婚(けっこん)する = 결혼하다

o

o

응용 문장 모범 답안

① 韓(かん)ドラの『おつかれさま』すごく泣(な)けるって。
② お見合(みあ)いで結婚(けっこん)したんですって。

DAY 086

____월____일

むり
無理しすぎると
からだこわ
体壊すよ。

너무 무리하면
몸 망가져.

문장 파헤치기

종조사 : 문장 끝에 붙어서 문장에 특정한 뉘앙스를 더하거나
화자가 가진 여러 가지 감정적 어조를 드러내는 역할을 함.

보통형/정중형 + よ

정보 전달, 주의, 충고, 경고 등의 뉘앙스를 더하는 역할을 함.
문맥에 따라 부드럽게 들리기도 하고, 강하게 들리기도 함.

보통형 + ぞ

정보 전달, 주의, 충고, 경고 등의 뉘앙스를 더하는 역할을 함.
보통 남성이 본인과 대등한 사람이나 아랫사람에게 사용하며 강한 느낌을 가짐.
혹은 귀여운 느낌을 주기 위해 여성이 사용하는 경우도 있음.

むり
無理する = 무리하다 / ～すぎる = 너무 ~하다
からだ こわ   からだこわ
体を 壊す = 몸이 망가지다, 건강을 해치다 → 体壊すよ = 몸 망가져 (충고)

むり   からだ   こわ
無理しすぎると | 体 | 壊すよ。
너무 무리하면   몸   망가져.

문장 3번 따라 쓰기

○

○

○

응용 문장 2번씩 쓰기

① 여름은 이제부터가 진짜야!

힌트 夏 = 여름 / これから = 이제부터 / 本番 = 진짜, 본격적으로 그 시기가 되는 것

○

○

② 조금 더 일본어를 접할 기회를 늘리면, 더 성과가 날 것 같아요.

힌트 触れる = 접하다 / 機会を増やす = 기회를 늘리다 / 成果が出る = 성과가 나다

○

○

응용 문장 모범 답안

① 夏はこれからが本番だぞ！

② もう少し日本語に触れる機会を増やせばもっと成果が出ると思いますよ。

DAY 087

____월 ____일

MP3_087

ここ、前(まえ)にも 来(き)たことあったよね。

여기 전에도
온 적 있었지?

문장 파헤치기

보통형/정중형 + ね

동의, 확인, 의뢰, 지시, 지도 등의 뉘앙스를 더하는 역할을 하며 부드러운 인상을 줌.

보통형/정중형 + よね

동의, 확인의 뉘앙스를 더하는 역할을 하며
보다 더 확실하게 동의하거나 확인하고 싶은 느낌을 더할 때 사용.

ここ = 여기 / 前(まえ)にも = 전에도
来(く)る = 오다
→ 来(き)たことがある = 온 적이 있다
　来(き)たことあったよね = 온 적 있었지? (확인)

ここ、	前(まえ)にも	来(き)たことあったよね。
여기	전에도	온 적 있었지?

문장 3번 따라 쓰기

○

○

○

응용 문장 2번씩 쓰기

① 무슨 일 있으면 연락해.

힌트 何かあったら = 무언가 생기면 / 連絡する = 연락하다

○

○

② 선생님 설명은 알기 쉽죠.

힌트 先生 = 선생님 / 説明 = 설명 / わかりやすい = 알기 쉽다

○

○

응용 문장 모범 답안
① 何かあったら連絡してね。
② 先生の説明はわかりやすいですよね。

DAY 088

_____월 _____일

適度(てきど)な距離感(きょりかん)って
大事(だいじ)だな。

적당한 거리감이란

중요하군.

문장 파헤치기

보통형 + な

독백이나 감탄, 동의, 소망, 의지 표명 등의 뉘앙스를 더하는 역할을 함.

보통형 + なあ

な가 음 변화를 일으킨 표현. 독백이나 감탄, 동의의 뉘앙스를 더하는 역할을 함.

適度(てきど) = 적당한 정도, 알맞은 정도

距離感(きょりかん) = 거리감

って = ~라는 것은 (= というものは)

大事(だいじ)だ = 중요하다, 소중하다

→ 大事(だいじ)だな = 중요하군, 중요하네 (독백, 감탄)

適度(てきど)な距離感(きょりかん)って | 大事(だいじ)だな。

적당한 거리감이란 중요하군.

문장 3번 따라 쓰기

○

○

○

응용 문장 2번씩 쓰기

① 5개 국어나 할 수 있다니 부러워라.

> 힌트 5ヶ国語(ごかこくご) = 5개 국어 / 話せる(はなせる) = 언어를 구사할 수 있다 / 羨ましい(うらやましい) = 부럽다

○

○

② 너가 하고 있는 게임 재밌겠는데.

> 힌트 君(きみ) = 너 / やる = 하다 / ゲーム = 게임 / 面白そうだ(おもしろそうだ) = 재밌어 보인다

○

○

응용 문장 모범 답인

① 5ヶ国語(ごかこくご)も話(はな)せるなんて羨(うらや)ましいなあ。

② 君(きみ)がやって(い)るゲーム、面白(おもしろ)そうだな。

DAY 089

_____월 _____일

MP3_089

贈(おく)り物(もの)、気(き)に入(い)ってくれるかしら。

선물 마음에 들어해 주려나.

문장 파헤치기

보통형/정중형 + わ

가벼운 놀람이나 감탄을 나타내는 표현으로 부드러운 느낌을 줌.
주로 여성이 사용하지만 남성이 쓰는 경우도 많고, 최근 여성의 사용 빈도가 줄고 있음.

보통형/정중형 + かしら

본인의 생각이나 의문을 부드럽게 전하며 상대방의 반응을 기대하는 느낌을 더함.
주로 여성이 사용. (*わ/かしら 둘 다 일상 대화보다는 만화나 드라마 등
등장인물의 캐릭터성을 나타내기 위한 종조사로 자주 사용됨.)

気(き)に入(い)る = 마음에 들다
→ 気(き)に入(い)ってくれる = (상대가) 마음에 들어해 주다
  気(き)に入(い)ってくれるかしら = 마음에 들어해 주려나, 좋아해 줄까?

贈(おく)り物(もの)、 | 気(き)に | 入(い)ってくれるかしら。
선물   마음에   들어해 주려나.

문장 3번 따라 쓰기

○

○

○

응용 문장 2번씩 쓰기

① 맛있는 걸 먹었더니 조금 기운이 났어요.

힌트 美味しいもの = 맛있는 것 / 食べる = 먹다 / 元気が出る = 기운이 나다

○

○

② 설마 이런 일이 될 거라고는 생각하지 않았어.

힌트 まさか = 설마 / こんなことになる = 이런 일이 되다 / 思う = 생각하다

○

○

응용 분상 모범 답안

① 美味しいものを食べたら少し元気が出ましたわ。

② まさかこんなことになるとは思って(い)なかったわ。

DAY 090

_____월_____일

人生(じんせい)そうそう 思(おも)い通(どお)りにいかないさ。

인생은 그렇게 쉽게 뜻대로 되지 않아.

문장 파헤치기

보통형 + さ

본인의 판단이나 주장을 확인하거나 방관하는 태도로 툭툭 내뱉듯 말할 때 사용.

보통형 + ぜ

친근한 사이에서 가볍게 확인하거나, 상대를 겁주거나 주의를 환기시키기 위해 사용. 주로 남성들이 씀. (*さ/ぜ 둘 다 일상 대화보다는 만화나 드라마 등 등장인물의 캐릭터성을 나타내기 위한 종조사로 자주 사용됨.

人生(じんせい) = 인생 / そうそう〜ない = 그렇게 쉽게 ~되지 않는다
思(おも)い通(どお)りにいく = 뜻대로 되다
→ 思(おも)い通(どお)りにいかない = 뜻대로 되지 않는다
思(おも)い通(どお)りにいかないさ = 뜻대로 되지 않아, 뜻대로 되지 않는단다

人生(じんせい) | そうそう思(おも)い通(どお)りにいかないさ。
인생은　　　그렇게 쉽게 뜻대로 되지 않아.

문장 3번 따라 쓰기

○

○

○

응용 문장 2번씩 쓰기

① 그럼 나머지는 맡긴다!

힌트 じゃ = 그럼 / あとは = 나머지는 / 任(まか)せる = 맡기다

○

○

② 후회해도 난 모른다.

힌트 後悔(こうかい)する = 후회하다 / 俺(おれ) = 나(남성이 사용하는 1인칭 대명사) / 知(し)らない = 모르다

○

○

응용 문장 모범 답안

① じゃ、あとは任(まか)せたぜ！
② 後悔(こうかい)しても俺(おれ)は知(し)らないぜ。

매일 1장
일본어 쓰기 습관 100일의 기적

私は日本語の勉強をする

CHAPTER 10

비즈니스 일본어

091 またお会いできる日を楽しみにしております。

092 木村はただいま来客中でございますが。

093 こちらでお掛けになってお待ちください。

094 ご迷惑をおかけして申し訳ありません。

095 少しでも学習のお役に立てて幸いです。

096 重ねてお礼申し上げます。

097 恐れ入りますが、もう一度教えていただけますでしょうか。

098 私でよければご用件を承ります。

099 先日は温かいお心遣いありがとうございました。

100 厳しい暑さが続いておりますが、どうぞご自愛ください。

準備ができました

DAY 091

____월 ____일

またお会いできる日を
楽しみにしております。

또 만나 뵐 날을

기대하고 있겠습니다.

문장 파헤치기

〜ております = ~하고 있습니다

〜ています의 겸양 표현.
상대방에게 예의를 갖춰 동작의 진행과 상태를 말할 때 사용.

また = 또, 다시

お会いできる = 만나 뵐 수 있다 (**会える**의 겸양 표현)

日 = 날

楽しみにする = 기대하다

→ **楽しみにしております** = 기대하고 있습니다, 기대하고 있겠습니다

また	お会いできる日を	楽しみにしております。
또	만나 뵐 날을	기대하고 있겠습니다.

문장 3번 따라 쓰기

○

○

○

응용 문장 2번씩 쓰기

① 항상 신세지고 있습니다.

힌트 いつも = 항상, 늘 / お世話(せわ)になる = 신세를 지다

○

○

② 그간 격조했습니다(오랜만입니다). 별일 없으시죠?

힌트 (ご)無沙汰(ぶさた) = 오랫동안 연락을 하지 않음, 격조함 / (お)変(か)わり = 변함, 별고

○

○

응용 문장 모범 답안

① いつもお世話(せわ)になっております。

② ご無沙汰(ぶさた)しております。お変(か)わりありませんか。

DAY 092

____월 ____일

木村(きむら)はただいま来客中(らいきゃくちゅう)でございますが。

기무라는 지금
손님을 응대 중이라서요.

문장 파헤치기

来客中(らいきゃくちゅう)でございます = 방문객을 맞이하고 있습니다, 손님을 응대 중입니다

席(せき)を外(はず)しております = 자리에 없습니다, 자리를 비웠습니다

~はおりません = ~은 없습니다

외부로부터 누군가를 찾는 전화가 왔는데 그 사람이 자리에 없는 경우에 사용.
(*일본어의 경어는 보통 '상대 경어'로, 화자가 속한 집단 혹은 상대와의 관계에 따라 높여 말하는 대상이 달라짐. 기본적으로 본인의 가족과 본인이 속한 회사 직원에 대해 외부인에게 말할 땐 나이나 직책과 상관없이 겸양어를 사용.)

木村(きむら) = 기무라 (일본의 성씨) / **ただいま** = 지금 (막), 현재

~が = ~입니다만 (역접 표현)

木村(きむら)は	ただいま	来客中(らいきゃくちゅう)でございますが。
기무라는	지금	손님을 응대 중이라서요.

문장 3번 따라 쓰기

◦

◦

◦

응용 문장 2번씩 쓰기

① 공교롭게도 차는 자리에 없습니다만.

힌트 あいにく = 공교롭게도, 마침 / チャ = 차 (한국의 성씨, 여기서는 직책 생략)

◦

◦

② 아버지는 지금 출장 중이라서 집에 없어요.

힌트 父(ちち) = 아버지 / ただいま = 지금 / 出張中(しゅっちょうちゅう) = 출장 중 / 家(いえ) = 집 / おる = 있다

◦

◦

응용 문장 모범 답안

① あいにくチャは席(せき)を外(はず)しておりますが。
② 父(ちち)はただいま出張中(しゅっちょうちゅう)で家(いえ)におりません。

DAY 093

____월____일

MP3_093

こちらにお掛(か)けになって お待(ま)ちください。

여기에 앉아서
기다려 주세요.

문장 파헤치기

お + 명사/동사의 **ます**형 + **ください** = ~하세요, ~해 주세요

ご + 동작성 명사 + **ください** = ~하세요, ~해 주세요

〜てください의 존경 표현. 예의를 갖춰 상대방에게 정중하게 부탁할 때 사용.

- **お電話(でんわ)ください** = 전화해 주세요
- **お乗(の)りください** = 타세요
- **ご利用(りよう)ください** = 이용해 주세요

こちらに = 여기에

お掛(か)けになる = 앉으시다 (**座(すわ)る**의 존경어)

待(ま)つ = 기다리다 → **お待(ま)ちください** = 기다려 주세요

こちらに	お掛(か)けになって	お待(ま)ちください。
여기에	앉아서	기다려 주세요.

문장 3번 따라 쓰기

○

○

○

응용 문장 2번씩 쓰기

① 가족분들과 함께 드세요.

힌트 ご家族のみなさんで = 가족분들과 함께, 가족분들 다 같이 / 召し上がる = 드시다

○

○

② 부모님께 안부 전해 주세요.

힌트 ご両親 = 부모님 (존경어) / よろしく伝える = 안부 전하다

○

○

응용 문장 모범 답아

① ご家族のみなさんでお召し上がりください。

② ご両親によろしくお伝えください。

DAY 094

____월 ____일

MP3_094

ご迷惑(めいわく)をおかけして申(もう)し訳(わけ)ありません。

민폐를 끼쳐 드려 죄송합니다.

문장 파헤치기

申(もう)し訳(わけ)ありません/申(もう)し訳(わけ)ございません = 죄송합니다

상대방에게 정중하게 사과하거나 사죄할 때 사용.

일상적으로 사용하는 **すみません**보다 좀 더 격식 있고 예의를 갖춘 표현.

(*두 표현에 의미 차이는 없으나 **ありません**보다 **ございません**이 좀 더 정중.)

迷惑(めいわく)をかける = 민폐를 끼치다

→ **ご迷惑(めいわく)をおかけする** = 민폐를 끼쳐 드리다 (겸양 표현)

　ご迷惑(めいわく)をおかけして申(もう)し訳(わけ)ありません

= 민폐를 끼쳐 드려(서) 죄송합니다

ご迷惑(めいわく)をおかけして | 申(もう)し訳(わけ)ありません。

민폐를 끼쳐 드려　　　　　　죄송합니다.

문장 3번 따라 쓰기

○

○

○

응용 문장 2번씩 쓰기

① 대응이 늦어져 정말 죄송합니다.

> **힌트** 対応 = 대응 / 遅くなる = 늦어지다 / 誠に = 정말, 매우

○

○

② 걱정을 끼쳐 드려 죄송합니다.

> **힌트** ご心配をおかける = 걱정을 끼쳐 드리다

○

○

응용 문장 모범 답안
① 対応が遅くなり誠に申し訳ございません。
② ご心配をおかけして申し訳ありません。

DAY 095

____월____일

すこ
少しでも学習のお役に立てて
さいわ
幸いです。

조금이나마 학습에 도움이 돼서

기쁩니다.

문장 파헤치기

幸いです = 감사하겠습니다, 기쁩니다, 다행입니다

상대방에게 겸손하게 부탁/의뢰하며 '감사한다'거나 배려에 '기쁘다'는 의미로 사용.

何よりです = 다행입니다

'何よりも嬉しい(그 무엇보다 기쁘다)'가 생략된 형태.

상대방이 처한 상황을 전해 듣고 이에 대해 안심하거나 기뻐하는 표현.

嬉しく存じます = 기쁘게 생각합니다

嬉しく思います의 겸양 표현.

少しでも = 조금이나마 / **学習** = 학습 / **(お)役に立つ** = 도움이 되다

(お)役に立てて幸いです = 도움이 돼서(됐다고 생각해 줬다면) 기쁩니다

| 少しでも | 学習のお役に立てて | 幸いです。 |
| 조금이나마 | 학습에 도움이 돼서 | 기쁩니다. |

문장 3번 따라 쓰기

○

○

○

응용 문장 2번씩 쓰기

① 잘 지내는 것 같아서 다행이에요.

힌트 お元気そうだ = 건강해 보이다, 잘 지내는 것 같다

○

○

② 와 주셔서 기쁘게 생각합니다.

힌트 お越しいただく = 와 주시다

○

○

응용 문상 모임 답안

① お元気そうで何よりです。

② お越しいただき、嬉しく存じます。

DAY 096

___월___일

MP3_096

重(かさ)ねて お礼(れいもう)申(あ)し上げます。

다시 한 번
감사의 말씀을 드립니다.

문장 파헤치기

申(もう)し上(あ)げます = 말씀 드립니다

상대방에게 정중하게 본인의 의견이나 기분을 전하는 표현. (言(い)う(말하다)의 겸양 표현)

아래와 같은 단어들을 앞에 붙여 마음을 전함.
[お礼(れい) (감사)・感謝(かんしゃ) (감사)・お願(ねが)い (부탁)・お詫(わ)び (사죄)]

重(かさ)ねて = 거듭, 다시 한 번

お礼(れい) = 감사, 감사 인사, 답례

→ **お礼(れい)申(もう)し上(あ)げます** = 감사(의) 말씀 드립니다, 감사 인사 (말씀) 드립니다

重(かさ)ねて | お礼(れいもう)申(あ)し上げます。
다시 한 번　감사의 말씀을 드립니다.

문장 3번 따라 쓰기

○

○

○

응용 문장 2번씩 쓰기

① 앞으로도 부디 잘 부탁드리겠습니다.

힌트 今後(こんご)とも = 앞으로도 / どうぞ = 부디

○

○

② 기분을 상하게 해 드려 진심으로 사과드리겠습니다.

힌트 ご不快(ふかい)な思(おも)いをさせる = 기분을 상하게 하다 / 心(こころ)より = 진심으로

○

○

응용 문장 모범 답안

① 今後(こんご)ともどうぞよろしくお願(ねが)い申(もう)し上(あ)げます。
② ご不快(ふかい)な思(おも)いをさせてしまい、心(こころ)よりお詫(わ)び申(もう)し上(あ)げます。

DAY 097

_____월_____일

恐れ入りますが、もう一度
教えていただけますでしょうか。

죄송하지만, 한 번 더

가르쳐 주실 수 있을까요?

문장 파헤치기

〜ていただけますでしょうか = ~해 주실 수 있을까요?

상대방에게 예의를 갖춰 정중하게 부탁하거나 제안할 때 사용.
(**〜てもらえますか**의 겸양 표현)

恐れ入りますが = 송구합니다만, 죄송합니다만

もう一度 = 한 번 더

教える = 가르치다, 알려주다

→ **教えていただけますでしょうか** = 가르쳐 주실 수 있을까요?

恐れ入りますが、　　もう一度
죄송하지만,　　　　한 번 더
教えていただけますでしょうか。
가르쳐 주실 수 있을까요?

문장 3번 따라 쓰기

○

○

○

응용 문장 2번씩 쓰기

① 오늘 안에 견적서를 보내 주실 수 있을까요?

힌트 今日中に = 오늘 안에 / 見積書 = 견적서 / 送る = 보내다

○

○

② 회의 시간을 변경해 주실 수 있을까요?

힌트 会議 = 회의 / 時間 = 시간 / 変更する = 변경하다

○

○

응용 문장 모범 답안

① 今日中に見積書を送っていただけますでしょうか。
② 会議の時間を変更していただけますでしょうか。

DAY 098

___월 ___일

MP3_098

私（わたくし）でよければ
ご用件（ようけん）を 承（うけたまわ）ります。

제가 괜찮으시다면,

말씀하실 용건을 여쭙겠습니다.

문장 파헤치기

承（うけたまわ）る = 受（う）ける(받다)/**聞（き）く**(듣다)/**伝（つた）え聞（き）く**(전해 듣다)의 겸양어

주로 윗사람에게 명령을 받는 경우에 사용하는 아주 겸손한 표현.

私（わたくし） = 저 (**私（わたし）**의 겸양어)

いい = 좋다

私（わたくし）でよければ = 제가 (용건을 여쭤봐도) 괜찮으시다면

ご用件（ようけん） = 용건 (**用件（ようけん）**의 존경어)

→ **ご用件（ようけん）を 承（うけたまわ）ります** = (말씀하실) 용건을 받겠습니다(여쭙겠습니다)

私（わたくし）でよければ

제가 괜찮으시다면,

ご用件（ようけん）を 承（うけたまわ）ります。

(말씀하실) 용건을 받겠습니다(여쭙겠습니다).

문장 3번 따라 쓰기

○

○

○

응용 문장 2번씩 쓰기

① 상기 내용으로 예약을 받았습니다.

> 힌트 上記内容(じょうきないよう) = 상기 내용 / ~にて = ~으로 / ご予約(よやく) = 예약 / 承(うけたまわ)る = 받다

○

○

② 문의는 전화로 받고 있습니다.

> 힌트 お問(と)い合(あ)わせ = 문의 / お電話(でんわ) = 전화 (電話의 존경어) / 承(うけたまわ)る = 받다

○

○

응용 문장 모범 답안

① 上記内容(じょうきないよう)にてご予約(よやく)を承(うけたまわ)りました。
② お問(と)い合(あ)わせはお電話(でんわ)で承(うけたまわ)っております。

DAY 099 ___월___일

MP3_099

先日(せんじつ)は温(あたた)かいお心遣(こころづか)い ありがとうございました。

지난번에는 따뜻한 마음 써 주셔서 감사했습니다.

문장 파헤치기

상대방에게 선물, 축하 등을 받은 경우 아래와 같은 겸손한 표현들로 마음을 전함.

結構(けっこう)なもの = 훌륭한 것 / **温(あたた)かいお心遣(こころづか)い** = 따뜻한 배려, 정성 어린 배려

상대방에게 선물 등을 주는 경우 아래와 같은 겸손한 표현들로 마음을 전함.

ささやかですが = 약소하지만 / **心(こころ)ばかりですが** = 작은 정성이지만

お口(くち)に合(あ)うといいのですが = 입에 맞으시면 좋을 텐데요

お好(す)きだと伺(うかが)っておりましたので = 좋아하신다고 들어서

先日(せんじつ) = 지난번 / **ありがとうございました** = 감사했습니다

先日(せんじつ)は | 温(あたた)かいお心遣(こころづか)い |
지난번에는   따뜻한 마음 (써 주셔서)
ありがとうございました。
감사했습니다.

문장 3번 따라 쓰기

○

○

○

응용 문장 2번씩 쓰기

① 약소하지만 감사한 마음을 담아 선물을 준비했습니다.

힌트 感謝の気持ちを込めて = 감사한 마음을 담아 / ご用意する = 준비하다 (겸양어)

○

○

② 부타노카쿠니를 만들어 봤어요. 입에 맞으시면 좋을 텐데.

힌트 豚の角煮 = 부타노카쿠니 (일본식 돼지조림) / 作ってみる = 만들어 보다

○

○

응용 문장 모범 답안

① ささやかですが、感謝の気持ちを込めてプレゼントをご用意しました。

② 豚の角煮を作ってみました。お口に合うといいのですが。

DAY 100

___월 ___일

MP3_100

厳（きび）しい暑（あつ）さが続（つづ）いておりますが、どうぞご自愛（じあい）ください。

혹독한 더위가 계속되고 있는데요,
부디 몸 조심하세요.

문장 파헤치기

ご自愛（じあい）ください = 몸 조심하세요, 건강 잘 챙기세요

상대방의 건강과 안녕을 바라는 매우 정중한 표현.
(메일이나 편지 등에서 마무리 멘트로 사용.)

お祈（いの）りいたします = 기원합니다

상대방에게 좋은 일이 있기를 바라는 표현.

お祈（いの）り申（もう）し上（あ）げます = 삼가 기원드립니다

위 표현보다 좀 더 정중한 표현.

厳（きび）しい暑（あつ）さ = 혹독한 더위 / **続（つづ）く** = 계속되다, 이어지다

続（つづ）いておりますが = 계속되고 있습니다만 (**続（つづ）いていますが**의 겸양 표현)

厳（きび）しい暑（あつ）さが	続（つづ）いておりますが、	どうぞ	ご自愛（じあい）ください。
혹독한 더위가	계속되고 있는데요,	부디	몸 조심하세요.

문장 3번 따라 쓰기

○

○

○

응용 문장 2번씩 쓰기

① 건강하시고 행복하시길 기원합니다.

> 힌트 ご健康(けんこう) = 건강(존경어) / ご多幸(たこう) = 큰 행복(존경어)

○

○

② 앞으로도 더욱 활약하시길 기원드립니다.

> 힌트 益々(ますます) = 점점 더, 더욱 더 / ご活躍(かつやく) = 활약(존경어)

○

○

응용 문장 모범 답안

① ご健康(けんこう)とご多幸(たこう)をお祈(いの)りいたします。
② 益々(ますます)のご活躍(かつやく)をお祈(いの)り申(もう)し上(あ)げます。

매일 1장

일본어 쓰기 습관
100일의 기적

私は日本語の勉強をする

부록

핵심 문법 총정리

Chapter 01 명령형

Chapter 02 사역수동형, て형

Chapter 03 관용어

Chapter 04 오노마토페, 복합동사

Chapter 05 존경어, 겸양어

Chapter 06 자주 쓰는 어구

Chapter 07 신조어, 유행어, 속어

Chapter 08 JLPT N1/N2 문법 (50 음도 순)

Chapter 09 축약형, 다양한 어투

Chapter 10 비즈니스 일본어

準備ができました

CHAPTER 01 명령형

상대방에게 강한/부드러운 어조로 명령/지시할 때 쓰는 명령형 표현 총정리.

① 1그룹 동사(어미를 え단으로 변경) = ~해(라)

   いいぞ！そのまま走れ！(좋아! 그대로 달려!)

② 2그룹 동사(어미(る) 탈락)+ろ = ~해(라)

   いい加減起きろ！(이제 그만 일어나!)

③ 3그룹 동사(불규칙 변화) = ~해(라)

   する → しろ(해(라)) / 来る → 来い(와(라))

④ 동사의 ます형+なさい = ~하시오, ~하려무나

   身の程を知りなさい。(자신의 분수를 알려무나.)

⑤ 1그룹 동사(어미를 い단으로 변경)+な = ~하렴, ~하거라

   ちゃんと座りな。(제대로 앉으렴.)

⑥ 2그룹 동사(어미(る)를 탈락)+な = ~하렴, ~하거라

   もう忘れなよ。(이제 잊으렴.)

⑦ 3그룹 동사(불규칙 변화) = ~하렴, ~하거라

   する(하다) → しな(하렴, 하거라) / 来る(오다) → 来な(오렴, 오거라)

⑧ 동사의 기본형+な = ~하지 마(라)

   子供扱いするな！(어린애 취급하지 마!)

⑨ ～せよ = ~하라

   応答せよ1997(응답하라 1997)

⑩ 동사의 ます형+やがれ = ~해라 / 동사의 ます형+やがる = ~하다, ~해대다

   待ちやがれ。(기다려라. → 게 섰거라.) / 逃げやがる。(도망치기나 하다니.)

CHAPTER 02 사역수동형, て형

'(어쩔 수 없이, 특정 이유로 인해) ~하(게 되)다'라는 사역수동형 및 て형 활용 총정리.

① 1그룹 동사(어미를 **あ**단으로 변경)+**せられる/される** = (어쩔 수 없이) ~하(게 되)다

愚痴を聞か**される**。((어쩔 수 없이) 푸념을 듣게 된다.)

② 2그룹 동사(어미(**る**) 탈락)+**させられる** = (어쩔 수 없이) ~하(게 되)다

見**させられる**。((어쩔 수 없이) 보게 된다.)

③ 3그룹 동사(불규칙 변화) = (어쩔 수 없이) ~하(게 되)다

する → **させられる**(하(게 되)다) / 来る → 来**させられる**(오(게 되)다)

④ ～が+자동사+**ている** = ~이[가] ~한 상태이다[~해져 있다]

～がつく(~이[가] 켜지다) → ～がつい**ている**(~이[가] 켜져 있다)

⑤ ～が+타동사+**てある** = ~이[가] ~한 상태이다[~해져 있다]

窓が開け**てある**((일부러, 누군가 환기를 위해 열어서) 창문이 열려 있다)

⑥ ～を+타동사+**ておく/どく** = ~을[를] ~해 두다, ~해 놓다

頼む(시키다, 주문하다) → 頼ん**でおく**/頼ん**どく**(시켜 두다, 주문해 두다)

⑦ 동사의 **て**형+**いく** = ~해 가다

成長する(성장하다) → 成長して**いく**(성장해 가다)

⑧ 동사의 **て**형+**くる** = ~해 오다

お腹空く(배(가) 고프다) → お腹空いて**くる**(배고파오다, 배고파지다)

⑨ い형용사의 어간+**くてたまらない** = ~해서 견딜 수 없다, 너무 ~하다

眠い(졸리다) → 眠**くてたまらない**(졸려서 견딜 수 없다, 졸려 죽겠다)

⑩ 동사의 **て**형+**(は)いられない** = ~하고 있을 수(는) 없다

頼る(의지하다) → 頼って**はいられない**(의지할 수만은 없다)

CHAPTER 03 관용어

두 개 이상의 단어가 합쳐져 특수한 의미를 가지게 된 다양한 관용어 표현 총정리.

① **ノリ**(반응, 분위기, 템포)가 쓰이는 관용어

ノリが いい(良い)(붙임성[사교성]이 좋다) / ノリが 悪い((반응이) 재미없다)

② **油**(기름; 활기)・**脂**(기름)가 쓰이는 관용어

油を売る(노닥거리다) / 脂が乗る(살이 오르다) / 火に油を注ぐ(악화시키다)

③ **我**[(내[자신])가 쓰이는 관용어

我が強い(고집이 세다) / 我を忘れる(넋을 잃다) / 我を通す(밀고 나가다)

④ **気**(마음)가 쓰이는 관용어

気が向く(마음이 내키다) / 気が済む(마음이 놓이다) / 気が利く(센스가 있다)

⑤ **水**(물)가 쓰이는 관용어

水に流す(흘려보내다) / 汗水流す(열심히 일하다) / 水を差す(산통을 깨다)

⑥ **目**(눈)가 쓰이는 관용어

目を引く(주의나 시선을 끌다, 이목을 집중시키다) / 目がない(사족을 못 쓰다)

⑦ **口**(입)가 쓰이는 관용어

口が滑る(실언하다) / 口が堅い(입이 무겁다) / 口が悪い(입이 걸다)

⑧ **顔**(얼굴, 안면)가 쓰이는 관용어

顔に泥を塗る(얼굴에 먹칠을 하다, 명예를 실추시키다) / 顔が広い(발이 넓다)

⑨ **耳**(귀)가 쓰이는 관용어

耳にタコができる(같은 소리를 여러 번 들어 질리다) / 耳が遠い(귀가 어둡다)

⑩ **鼻**(코)가 쓰이는 관용어

鼻が高い(우쭐하다) / 鼻につく(남의 행동이 아니꼽다) / 鼻で笑う(콧방귀 뀌다)

CHAPTER 04 오노마토페, 복합동사

의성어/의태어를 뜻하는 오노마토페 및 동사 두 개가 결합된 복합동사 총정리.

① '가슴이 뛰는 모양새'를 나타내는 오노마토페

　わくわく(설레어서)-ドキドキ(불안해서)-うきうき(들떠서) → 두근두근

② '웃는 모양새'를 나타내는 오노마토페

　クスクス(키득키득) / にこにこ(생긋생긋, 싱글벙글) / ゲラゲラ(껄껄, 깔깔)

③ '우는 모양새'를 나타내는 오노마토페

　めそめそ(훌쩍훌쩍, 울먹울먹) / わんわん(엉엉) / ぽろぽろ(뚝뚝, 주르르)

④ '게으른 모양새'를 나타내는 오노마토페

　ぐずぐず(우물쭈물, 꾸물꾸물) / だらだら(빈둥빈둥) / もたもた(느릿느릿)

⑤ '아픈 모양새'를 나타내는 오노마토페

　ずきずき(욱신욱신, 지끈지끈) / ひりひり(따끔따끔) / ちくちく(콕콕, 따끔따끔)

⑥ 込む가 쓰이는 복합동사

　持ち込む(반입하다) / 書き込む(기입하다) / 冷え込む(갑자기 기온이 내려가다)

⑦ かける가 쓰이는 복합동사

　食べかける(먹다 말다) / 見かける(눈에 띄다) / 死にかける(다 죽어가다)

⑧ 忘れる가 쓰이는 복합동사

　言い忘れる(말할 타이밍을 놓치다) / 出し忘れる(내야 할 것을 깜빡하다)

⑨ 出す가 쓰이는 복합동사

　笑い出す(웃음을 터뜨리다) / 思い出す(기억해내다) / 生み出す(창출해내다)

⑩ 切る가 쓰이는 복합동사

　使い切る(다 써 버리다) / 疲れ切る(완전히 지치다) / 諦め切る(완전히 포기하다)

CHAPTER 05 존경어, 겸양어

다른 이의 행위나 상태를 높여 말하는 존경어 및 낮춰 말하는 겸양어 총정리.

① 특별 존경어 – 계시다, 가시다

　いらっしゃる・おいでになる(계시다) / いらっしゃる・おいでになる(가시다)

② 특별 존경어 – 말씀하시다, 드시다, 보시다

　おっしゃる(말씀하시다) / 召し上がる(드시다) / ご覧になる(보시다)

③ 특별 존경어 – 입으시다, 아시다, 주시다

　お召しになる(입으시다) / ご存知だ(아시다) / くださる(주시다)

④ 일반 존경어 – ～(ら)れる = ~하시다

　行く(가다) → 行かれる(가시다) / 見る(보다) → 見られる(보시다)

⑤ お/ご+동사의 ます형・する를 붙일 수 있는 동작성 명사 +になる = ~하시다

　出かける(외출하다) → お出かけになる(외출하시다)

⑥ 특별 겸양어 – 있다, 가다, 찾아 뵙다, 오다

　おる(있다) / 参る(가다)・伺う(찾아 뵙다) / 参る・伺う(오다)

⑦ 특별 겸양어 – 보다, 말하다, 말씀 드리다, 듣다, 여쭙다

　拝見する(보다) / 申す(말하다)・申し上げる(말씀 드리다) / 伺う(듣다/여쭙다)

⑧ 특별 겸양어 – 만나 뵙다, 알다, 받다

　お目にかかる(만나 뵙다) / 存じる・存じ上げる(알다) / いただく・頂戴する(받다)

⑨ 일반 겸양어 – 사역형+ていただく = ~하다, ~해 드리다

　休む(쉬다) → 休ませていただく(쉬다)

⑩ お/ご+ 동사의 ます형・する를 붙일 수 있는 동작성 명사 +する = ~해 드리다

　案内する(안내하다) → ご案内する(안내해 드리다)

CHAPTER 06 자주 쓰는 어구

일상 생활에서 잘 쓰이는 다양한 일본어 회화 어구 총정리.

① 상대방의 말에 동의하거나 공감할 때 쓰는 표현들

言われてみれば = 듣고 보니(까) / **そういえば** = 그러고 보니 / **確かに** = 하긴

② 비슷한 정도의 선택지들 중 한 가지를 고를 때 쓰는 표현들

強いて言うなら(굳이 말하자면) / **どちらかと言えば**(어느 쪽이냐 하면)

③ 목표 달성을 위한 강한 의지를 나타낼 때 쓰는 표현들

何が何でも(무슨 일이 있어도) / **何としても**(반드시)

④ 어떠한 상황이나 사건을 '기회/계기'로 삼는다고 말할 때 쓰는 표현들

これを機に(이것을 계기로) / **この際**(이 기회에) / **~をきっかけに**(~을 계기로)

⑤ 유사시를 대비한다고 말할 때 쓰는 표현들

いざという時のために(만일의 경우를 대비해) / **もしものために**(혹시 모르니)

⑥ 앞의 내용을 보충하거나 추가적인 정보를 덧붙일 때 쓰는 표현들

ちなみに(덧붙여 말하면, 참고로) / **しかも**(게다가, 더군다나)

⑦ 어떤 가능성이나 상황을 가정할 때 쓰는 표현들

下手したら(자칫하면) / **ひょっとして**(혹시, 어쩌면) / **油断すると**(방심하면)

⑧ 한 가지 대상만 선택하지 않고 모두 시도한다고 말할 때 쓰는 표현들

手当たり次第(닥치는 대로) / **あれこれ**(이것저것) / **何でもかんでも**(무엇이든 다)

⑨ 보이는 것으로 판단한다고 말할 때 쓰는 표현들

見ての通り(보다시피) / **見かけによらず**(보기와는 달리) / **見るからに**(딱 봐도)

⑩ 예의를 갖추어 요청이나 질문, 부탁 등을 할 때 쓰는 표현들

恐れ入りますが(죄송하지만) / **失礼ですが**(실례합니다만)

CHAPTER 07 　신조어, 유행어, 속어

현재 일본에서 많이 쓰이는 다양한 신조어, 유행어, 속어 총정리.

① **ピ**로 끝나는 말

　パリピ(파티 문화를 즐기는 사람) / 彼ピ(남자친구) / ギャルピ (갸루피스)

② **メン**(men/面)이 붙는 말

　イケメン(육아남) / ブサメン(추남) / ダメンズ(연애 관계에서 불성실한 남성)

③ **カタカナ**(외래어)+**い**(형용사 취급)

　エモい(감성[서정]적이다) / チルい(느긋하다, 편안하다) / ラグい(랙이 걸리다)

④ **カタカナ**(일본어-가타카나)+**る**(동사 취급)

　グチる(푸념하다, 불평하다) / ハブる(왕따시키다) / ケチる(인색하게 굴다)

⑤ **カタカナ**(외래어-가타카나)+**る**(동사 취급)

　バズる(떡상하다) / バグる(오작동을 일으키다) / ディスる(디스하다)

⑥ **〇〇ガチャ** = 〇〇 뽑기

　親ガチャ(부모 뽑기) / 国ガチャ(나라 뽑기) / 隣人ガチャ(이웃 뽑기)

⑦ **〇〇界隈** = 특정한 취미나 관심사를 공유하는 사람들의 커뮤니티 또는 그 행위

　自然界隈(대자연을 만끽하는 것) / 風呂キャンセル界隈(귀찮아서 안 씻는 것)

⑧ 성격, 정신 상태를 나타내는 신조어

　陽キャ/陰キャ (인싸/아싸) / メンヘラ/ヤンデレ(정신 문제가 있는 사람)

⑨ 사회 현상을 반영한 신조어

　蛙化現象(개구리화 현상) / カスハラ(고객 갑질) / インバウン丼(인바운덮밥)

⑩ 그 외 다양한 신조어 및 유행어들

　イケボ(꿀 보이스) / バイブス(바이브(vibes)) / 秒で(1초만에, 순식간에)

CHAPTER 08　JLPT N1/N2 문법 (50음도 순)

JLPT N1/N2 문법 총정리. (아래에서 '기본/보통/의지/た형/ます형/ない형'은 '동사'.)

① [あ행] ~한 끝에, ~한 나머지 / ~할 (가능성이 있을) 수 있다 / ~할 우려가 있다
   た형·명사-の +あげく(に) / ます형+得る / 기본·명사-の+恐れがある

② [か행] ~인 줄 알았는데, ~라고 생각했는데 / ~하기 어렵다 / ~하는 경향이 있다
   보통+(か)と思いきや / ます형+かねる / 기본·명사-の+きらいがある

③ [さ행] ~하지 않을 수 없다 / 결국 ~하는 지경에 이르렀다 / ~하자마자
   ない형(*する→せ)+ざるを得ない / 기본+ 始末だ / 기본·た형+そばから

④ [た행] ~조차 ~없다 / (여러 가지를 열거하며 나열할 때 사용) / (점점) ~하고 있다
   ~たりとも~ない / ~だの~だの / ます형+つつある

⑤ [た행] ~도 아니고, ~도 아닌데 / (아무리) ~라고 해도 / ~쯤 되면
   명사+では·じゃあるまいし / 보통+といえども / 기본·명사+ともなると

⑥ [な행] ~만이 가지고 있는 / ~에 국한된 것은 아니다 / ~에 지나지 않는다
   명사+ならではの / 명사+に限ったことではない / 보통·명사+にすぎない

⑦ [は행] ~은커녕, ~은 말할 것도 없고 / ~은 차치하고 / ~해서는 안 된다, ~하지 말 것
   명사+はおろか / 명사+はともかく / 기본+べからず

⑧ [ま행] ~할 뿐이다, ~할 따름이다 / ~은 물론 / ~와 거의 같다, ~와 마찬가지다
   기본+までだ / 명사+もさることながら / た형·ない형·명사+も同然だ

⑨ [や행] ~하자마자 바로, ~직후에 / ~때문에 / ~히든
   기본+や否や / 보통+ゆえに / 의지+ようが, い형용사(명사·な형용사)+か(だ)ろうが

⑩ [を/ん] ~을 불문하고 / ~을 둘러싸고 / 곧 ~할 듯이[듯한]
   명사+を問わず / 명사+を巡って / ない형(*する→せ)+んばかりに·んばかりの

CHAPTER 09 축약형, 다양한 어투

일상 회화에서 빈번히 사용되는 다양한 축약형 표현 및 어투 총정리.

① 축약형 표현 – (의도치 않게, 완전히) ~해 버리다

　　～てしまう → 동사의 て형+ちゃう / ～でしまう → 동사의 て형+じゃう

② 축약형 표현 – ~해 두다, ~해 놓다

　　～ておく → 동사의 て형+とく / ～でおく → 동사의 て형+どく

③ 축약형 표현 – ~해서는 안 된다

　　～て(～で)はいけない → 동사의 て형+ちゃいけない(じゃいけない)

④ 축약형 표현 – ~하지 않으면 안 된다, ~해야지

　　～なければならない/なくてはいけない → 동사의 ない형+なきゃ/なくちゃ

⑤ 축약형 표현 – ~래, ~라더라 (~래요, ~라던데요)

　　～と聞いた/言っていた, ～だそうだ → 품사의 보통형+って/んだって(んですって)

⑥ 어투 – 정보 전달, 주의, 충고, 경고 등의 뉘앙스

　　(문맥에 따라 강도가 다름) 보통형·정중형+よ / (주로 남성이 사용) 보통형+ぞ

⑦ 어투 – 동의, 확인, 의뢰, 지시, 지도 등의 뉘앙스

　　(부드러운 인상) 보통형·정중형+ね / (강한 동의, 확인) 보통형·정중형+よね

⑧ 어투 – 독백이나 감탄, 동의, 소망, 의지 표명 등의 뉘앙스

　　보통형+な / (독백이나 감탄, 동의) 보통형+なあ

⑨ 어투 – 가벼운 놀람, 감탄 / 본인의 생각[의문]을 전하며 상대방의 반응을 기대하는 느낌

　　(주로 여성이 사용) 보통형·정중형+わ / (만화 등에서 자주 사용) 보통형·정중형+かしら

⑩ 어투 – 판단이나 주장을 확인[방관]하는 느낌 / 가벼운 확인, 주의를 환기시키는 느낌

　　(방관하듯 툭툭 내뱉는 느낌) 보통형+さ / (만화 등에서 자주 사용) 보통형+ぜ

CHAPTER 10 비즈니스 일본어

비즈니스 상황에서 빈번히 쓰이는 다양한 일본어 표현 총정리.

① 표현 1 – 상대방에게 예의를 갖춰 어떤 일의 진행 상태를 말할 때

　〜ております(~하고 있습니다)

② 표현 2 – 외부에서 전화가 왔는데 찾는 사람이 부재 중인 경우

　来客中でございます(손님을 응대 중입니다) / **〜はおりません**(~은 없습니다)

③ 표현 3 – 예의를 갖춰 상대방에게 '~하세요, ~해 주세요'라고 정중하게 부탁할 때

　お+명사·동사의 **ます**형+**ください** / **ご**+동작성 명사+**ください**

④ 표현 4 – 상대방에게 정중하게 사과하거나 사죄할 때

　申し訳ありません/申し訳ございません(죄송합니다)

⑤ 표현 5 – 겸손하게 '감사한다, 기쁘다'고 하거나 상대방의 상황에 '다행이다'라고 말할 때

　幸いです(감사하겠습니다, 기쁩니다, 다행입니다) / **何よりです**(다행입니다)

⑥ 표현 6 – 상대방에게 정중히 '(감사/부탁/사죄의) 말씀 드립니다'라고 할 때

　〜申し上げます(~(의) 말씀 드립니다)

⑦ 표현 7 – 상대방에게 예의를 갖춰 정중하게 부탁하거나 제안할 때

　〜ていただけますでしょうか(~해 주실 수 있을까요?)

⑧ 표현 8 – 윗사람에게 명령을 받는 경우에 쓰는 아주 겸손한 표현

　承る = **受ける**(받다)/**聞く**(듣다)/**伝え聞く**(전해 듣다)의 겸양어

⑨ 표현 9 – 상대방에게 선물, 축하를 받거나 주는 경우에 쓰는 겸손한 표현

　結構なもの/温かいお心遣い(훌륭한 것/따뜻한 배려) / **ささやかですが**(약소하지만)

⑩ 표현 10 – 상대방의 건강과 안녕, 혹은 좋은 일이 있기를 바란다고 할 때

　ご自愛ください(몸 조심하세요) / **お祈りいたします**(기원합니다)

S 시원스쿨닷컴